Transforma tu Perfil de Pinterest en una Máquina de Hacer Dinero

While every precaution has been taken in the preparation of this book, the publisher assumes no responsibility for errors or omissions, or for damages resulting from the use of the information contained herein.

CÓMO HACER DINERO CON PINTEREST

First edition. November 2, 2023.

ISBN: 979-8224455317

Written by Gonzalo Estrada.

Tabla de Contenido

Contenido

Capítulo 1: Introducción a Pinterest y sus oportunidades de negocio.

Descubre cómo aprovechar las ventajas de Pinterest para impulsar tu emprendimiento y generar ingresos.

Pinterest ha revolucionado la forma en que las personas buscan ideas e inspiración visualmente. Con millones de usuarios activos mensuales, esta plataforma se convierte en una poderosa herramienta para emprendedores que buscan promocionar sus productos o servicios de manera efectiva. En este primer capítulo, te presentaremos una introducción a Pinterest y te mostraremos las diversas oportunidades de negocio que esta red social ofrece.

Para comprender completamente las oportunidades que Pinterest brinda a los emprendedores, es importante entender su funcionamiento. A diferencia de otras redes sociales, Pinterest se basa en la creación de tableros donde los usuarios pueden organizar y compartir imágenes, videos y enlaces que les resulten interesantes. Estos tableros funcionan como una especie de álbumes digitales temáticos y son altamente personalizables, lo que permite a los usuarios expresar su estilo y preferencias.

La característica principal que distingue a Pinterest de otras plataformas es su enfoque en la inspiración y la descubierta visual. Los usuarios pueden buscar ideas y explorar tableros relacionados con sus intereses, lo que les brinda la posibilidad de descubrir nuevos productos, proyectos, recetas y mucho más. Esto convierte a Pinterest en un escaparate virtual ideal para los emprendedores que desean captar la atención de un público interesado y motivado.

Una de las ventajas más destacadas de utilizar Pinterest para tu emprendimiento es su capacidad para generar tráfico de calidad hacia tu sitio web o tienda en línea. Cuando un usuario encuentra una imagen o un producto que le interesa, puede hacer clic en él y ser redirigido directamente a la página correspondiente. Esto significa que tienes la oportunidad de llegar a personas que ya están interesadas en lo que ofreces, lo que aumenta significativamente las posibilidades de conversión y ventas.

Además del tráfico potencial que puedes generar, Pinterest también ofrece herramientas específicas para emprendedores, como las Pines Comprables y los Anuncios Promocionados. Los Pines Comprables permiten a los usuarios realizar compras directamente desde la plataforma, lo que facilita el proceso de compra y fomenta las ventas. Por otro lado, los Anuncios Promocionados te brindan la posibilidad de mostrar tus productos o servicios a una audiencia más amplia y segmentada, lo que aumenta la visibilidad y te ayuda a alcanzar tus objetivos comerciales.

No obstante, para aprovechar al máximo las oportunidades que Pinterest ofrece, es fundamental tener en cuenta algunas mejores prácticas. En primer lugar, es importante tener un perfil optimizado con una descripción clara y atractiva, así como una imagen de perfil que represente tu marca o negocio. Además, es esencial crear tableros temáticos que reflejen tus productos o servicios y que sean visualmente atractivos para tu audiencia.

El uso de palabras clave relevantes en las descripciones y nombres de tus tableros te ayudará a posicionarte en los resultados de búsqueda y atraer a un público interesado en tu nicho. Por último, pero no menos importante, es fundamental compartir contenido original y de calidad de forma regular. Esto te permitirá construir una comunidad comprometida y fiel, lo que se traducirá en mayor visibilidad, interacciones y ventas.

En resumen, Pinterest ofrece un amplio abánico de oportunidades de negocio para emprendedores. Su enfoque en la inspiración visual y la descubierta, su capacidad para generar tráfico de calidad y sus herramientas específicas para emprendedores son factores clave que lo convierten en una herramienta imprescindible en tu estrategia de marketing. En la segunda mitad de este capítulo, exploraremos en profundidad las estrategias y tácticas específicas que te ayudarán a utilizar Pinterest de manera efectiva para impulsar tu emprendimiento y generar ingresos. ¡Continúa leyendo y descubre cómo convertir tu perfil de Pinterest en una máquina de hacer dinero!

En la segunda mitad de este capítulo, profundizaremos en las estrategias y tácticas específicas que te ayudarán a utilizar Pinterest de manera efectiva para impulsar tu emprendimiento y generar ingresos.

Una de las primeras estrategias que debes considerar es optimizar tus tableros y pines para que sean fácilmente encontrados por los usuarios interesados en tu nicho. Comienza por investigar y utilizar palabras clave relevantes en las descripciones y nombres de tus tableros. Estas palabras clave ayudarán a posicionar tus tableros en los resultados de búsqueda de Pinterest y atraer a la audiencia adecuada.

Además de las palabras clave, también es importante que tus tableros y pines sean visualmente atractivos. Utiliza imágenes de alta calidad y asegúrate de que estén bien alineadas con tu marca o negocio. Recuerda que Pinterest es una red visual, por lo que la calidad de tus imágenes es crucial para captar la atención de los usuarios y generar interés en tus productos o servicios.

Una vez que hayas optimizado tus tableros y pines, es hora de interactuar con la comunidad de Pinterest. Sigue a usuarios relevantes en tu nicho, comenta y comparte contenido de calidad, y participa en grupos y tableros colaborativos. Al interactuar con otros usuarios, podrás aumentar la visibilidad de tu perfil y atraer a más seguidores interesados en lo que ofreces.

Otra estrategia efectiva es utilizar los Pines Comprables y los Anuncios Promocionados. Los Pines Comprables te permiten vender directamente desde la plataforma, lo que simplifica el proceso de compra para tus clientes. Asegúrate de etiquetar correctamente tus productos con información detallada y enlaces a tu tienda en línea para que los usuarios puedan realizar compras con facilidad.

Los Anuncios Promocionados, por otro lado, te brindan la oportunidad de mostrar tus productos o servicios a una audiencia más amplia y segmentada. Puedes seleccionar criterios específicos, como ubicación, intereses o demografía, para asegurarte de que tus anuncios lleguen a las personas adecuadas. Recuerda que la clave para obtener resultados efectivos con los anuncios está en diseñar contenido atractivo y relevante que capte la atención de tu audiencia objetivo.

Además de estas estrategias, también es fundamental analizar y medir los resultados de tus esfuerzos en Pinterest. Utiliza las herramientas de análisis de Pinterest para identificar qué pines y tableros están obteniendo más engagement y generando tráfico hacia tu sitio web o tienda en línea. Con esta información, podrás ajustar y mejorar tu estrategia de marketing en Pinterest para obtener mejores resultados.

En resumen, aprovechar al máximo las oportunidades de negocio que ofrece Pinterest requiere de estrategias efectivas y consistentes. Optimiza tus tableros y pines con palabras clave relevantes, crea contenido visualmente atractivo, interactúa con la comunidad de Pinterest, utiliza los Pines Comprables y los Anuncios Promocionados, y analiza constantemente tus resultados. Siguiendo estas tácticas, podrás transformar tu perfil de Pinterest en una verdadera máquina de hacer dinero y aumentar tus ingresos como emprendedor.

Recuerda que Pinterest es una plataforma en constante evolución, por lo que es importante estar al día con las últimas tendencias y herramientas que ofrece. ¡No dudes en explorar y experimentar para encontrar las estrategias que mejor se adapten a tu negocio y te ayuden a alcanzar tus objetivos comerciales! Sigue aprendiendo y aplicando las estrategias adecuadas, y verás cómo tu perfil de Pinterest se convierte en una poderosa herramienta para impulsar tu emprendimiento y generar ingresos. ¡Éxito en tu camino hacia el éxito empresarial en Pinterest!

Capítulo 2: Creando un perfil de Pinterest irresistible.

El perfil de Pinterest es tu oportunidad de causar una excelente primera impresión frente a tu público objetivo. Es un escaparate que muestra quién eres, qué ofreces y por qué deberían seguirte. En este capítulo, aprenderás a diseñar un perfil atractivo que capte la atención de tu audiencia y te diferencie de la competencia.

1. Define tu marca personal:

Antes de comenzar a crear tu perfil de Pinterest, es fundamental comprender tu marca personal. ¿Qué quieres transmitir? ¿Cuáles son tus valores y objetivos? Establecer una identidad clara es clave para atraer a tu público objetivo y mantener una coherencia en tus publicaciones. Define tu nicho, investiga a tu competencia y busca cómo puedes destacar y ofrecer algo único.

2. Utiliza una imagen de perfil impactante:

La imagen de perfil es la primera impresión que los usuarios tendrán de tu cuenta. Elige una imagen que refleje tu personalidad o el estilo de tu marca. Puede ser tu propio rostro o el logo de tu empresa. Asegúrate de que sea clara, de buena calidad y que se adapte a los requisitos de tamaño de Pinterest. Recuerda que el objetivo es captar la atención y generar confianza.

3. Optimiza tu nombre de usuario:

El nombre de usuario es un aspecto importante para el SEO de Pinterest. Elige un nombre de usuario que sea relevante y se relacione con tu nicho. Utiliza palabras clave relacionadas con tu contenido para que puedas aparecer en los resultados de búsqueda. Evita los nombres genéricos y trata de ser único y memorable.

4. Crea una descripción atractiva:

La descripción de tu perfil es tu oportunidad de presentarte y contarle a tu audiencia qué pueden esperar de ti. Escribe una descripción concisa pero persuasiva que destaque tus fortalezas y lo que te diferencia de los demás. Utiliza palabras clave relacionadas con tu nicho para ayudar a los usuarios a encontrarte. Recuerda que solo tienes 160 caracteres, así que sé claro y directo.

5. Organiza tus tableros temáticos:

Los tableros temáticos son la esencia de Pinterest. Organiza tus tableros de manera coherente y cohesiva, agrupando los pines relacionados en cada uno. Utiliza títulos descriptivos y atractivos para que los usuarios sepan qué encontrarán en cada tablero. Piensa en las necesidades e intereses de tu público objetivo y crea tableros que les resulten útiles y entretenidos.

6. Crea contenido original y de calidad:

Pinterest es una plataforma visual, por lo que el contenido que compartas debe ser atractivo y de calidad. Utiliza imágenes de alta resolución y asegúrate de que estén relacionadas con tu nicho. Elabora pines relevantes y originales que aporten valor a tu audiencia. Evita el contenido genérico y apuesta por la autenticidad y la creatividad.

Recuerda que este es solo el comienzo de tu viaje para transformar tu perfil de Pinterest en una máquina de hacer dinero. En la segunda parte de este capítulo, descubrirás estrategias avanzadas para maximizar tu presencia en la plataforma y convertir tus seguidores en clientes potenciales. Prepárate para superar a tu competencia y alcanzar el éxito en Pinterest.

¡Mantente atento! La segunda parte de este capítulo te revelará los secretos más poderosos para potenciar tu perfil de Pinterest y monetizar tus acciones. No te pierdas la oportunidad de impulsar tu negocio y alcanzar nuevos horizontes. ¡Te esperamos en la siguiente entrega de este capítulo!

Recuerda, estarás preparado para sorprender a tus seguidores y marcar la diferencia en el apasionante mundo de Pinterest.7. Aprende a utilizar palabras clave: Las palabras clave son fundamentales para aumentar la visibilidad de tu perfil de Pinterest. Investiga y utiliza las palabras clave relevantes en tus descripciones de tableros y pines. Identifica las palabras o frases que tu público objetivo es más probable que busque y utilízalas estratégicamente en tu contenido. Recuerda que las palabras clave deben ser relevantes y estar relacionadas con tu nicho.

8. Personaliza tus tableros y pines: Para destacar en Pinterest, es importante que tus tableros y pines sean visualmente atractivos y distintivos. Utiliza imágenes de alta calidad y crea diseños atractivos que sean coherentes con tu marca personal. Agrega títulos descriptivos y llamativos a tus tableros para captar la atención de tu público objetivo. Utiliza Paletas de colores complementarios para que tus tableros sean visualmente atractivos y armoniosos.

9. Aprovecha las herramientas de Pinterest: Pinterest ofrece una variedad de herramientas y funciones que puedes utilizar para maximizar tu presencia en la plataforma. Una de estas herramientas es Pinterest Analytics, que te proporciona datos valiosos sobre el rendimiento de tus pines y tableros. Utiliza esta información para identificar qué tipo de contenido funciona mejor y ajustar tu estrategia en consecuencia. Otra herramienta útil es el botón Guardar, que te permite añadir el botón Guardar en tu sitio web para que los usuarios puedan guardar tus publicaciones en sus propios tableros.

10. Promociona tu perfil de Pinterest en otras redes sociales: Para aumentar tu visibilidad en Pinterest, es importante promocionar tu perfil en otras plataformas de redes sociales. Publica enlaces a tus tableros y pines en Facebook, Twitter, Instagram y otras redes sociales relevantes para dirigir el tráfico hacia tu perfil de Pinterest. También puedes enviar

correos electrónicos a tu lista de suscriptores y compartir tu contenido en grupos y comunidades relevantes en línea.

11. Interactúa con tu audiencia: Para cultivar una comunidad comprometida en Pinterest, es fundamental interactuar con tu audiencia. Responde a los comentarios y preguntas de tus seguidores, agradece los repines y los me gusta y participa en conversaciones relevantes en la plataforma. La interacción demuestra que valoras a tus seguidores y los anima a seguir y compartir tu contenido.

12. Mantén una estrategia constante: La clave para el éxito en Pinterest es mantener una estrategia constante y consistente. Dedica tiempo regularmente para crear y compartir contenido de calidad. Actualiza tus tableros y pines periódicamente para mantener tu perfil fresco y relevante. No olvides analizar tus métricas y ajustar tu estrategia según los resultados. Paciencia y perseverancia son ingredientes esenciales para convertir tu perfil de Pinterest en una máquina de hacer dinero.

En resumen, en esta segunda parte del capítulo "Creando un perfil de Pinterest irresistible", has aprendido a utilizar palabras clave, personalizar tus tableros y pines, aprovechar las herramientas de Pinterest, promocionar tu perfil en otras redes sociales, interactuar con tu audiencia y mantener una estrategia constante. Estos son los pasos fundamentales para maximizar tu presencia en Pinterest y utilizar la plataforma como una herramienta efectiva para hacer dinero. ¡Ahora es tu turno de poner en práctica estos consejos y alcanzar el éxito en Pinterest! No olvides que cada paso que tomes te acerca un poco más a convertir tu perfil en una máquina de hacer dinero. ¡Buena suerte en tu viaje emprendedor y sigue aprendiendo y creciendo en esta emocionante plataforma!

Capítulo 3: Optimizando tus pines para obtener más tráfico y conversiones.

Descubre las estrategias y técnicas para maximizar el alcance de tus pines y convertirlos en oportunidades de venta.

Pinterest es una plataforma poderosa para promover tu negocio y transformar tu perfil en una máquina de hacer dinero. Sin embargo, para aprovechar al máximo su potencial, es esencial optimizar tus pines para obtener más tráfico y conversiones. En este capítulo, exploraremos algunas estrategias y técnicas clave que te ayudarán a aumentar la visibilidad de tus pines y convertirlos en oportunidades de venta.

1. Utiliza imágenes atractivas: La naturaleza visual de Pinterest hace que las imágenes sean fundamentales para captar la atención de tu audiencia. Asegúrate de utilizar fotografías de alta calidad y que sean relevantes para tu nicho. Además, añade texto llamativo a tus pines para brindar más información y llamar a la acción.

2. Crea tableros temáticos: Organiza tus pines en tableros temáticos que sean fáciles de encontrar y explorar. Esto permitirá a tu audiencia descubrir contenido relacionado y mantenerse comprometida con tu perfil. Asegúrate de utilizar palabras clave en los títulos y descripciones de tus tableros para mejorar la visibilidad en los resultados de búsqueda de Pinterest.

3. Optimiza tus descripciones: Las descripciones de tus pines son una oportunidad para mejorar su visibilidad en los resultados de búsqueda de Pinterest. Utiliza palabras clave relevantes y descripciones claras para que los usuarios comprendan de qué se trata tu pin y se sientan atraídos

a hacer clic en él. No olvides incluir hashtags relevantes para aumentar la exposición de tus pines.

4. Utiliza Rich Pins: Los Rich Pins son pines enriquecidos que ofrecen información adicional y actualizada, como el precio de un producto, la disponibilidad o incluso recetas paso a paso. Aprovecha esta función para proporcionar valor adicional a tu audiencia y facilitarles la toma de decisiones. Los Rich Pins también pueden ayudar a mejorar la visibilidad de tus pines y atraer a más usuarios interesados en tus productos o servicios.

5. Promueve la interacción: Involucrar a tu audiencia y fomentar la interacción es crucial para aumentar el alcance de tus pines. Pide a tus seguidores que guarden, comenten y compartan tus pines para ayudar a difundir tu contenido a más usuarios. Además, considera crear tableros colaborativos donde otros usuarios también puedan agregar sus pines relacionados. La colaboración puede generar más exposición y un aumento en el tráfico a tu perfil.

6. Aprovecha las analíticas: Pinterest ofrece herramientas analíticas para que puedas rastrear el rendimiento de tus pines y comprender qué estrategias están funcionando mejor. Utiliza esta información para realizar ajustes y optimizar tus futuros pines. Presta especial atención a los pines que generan más tráfico y conversiones, y busca formas de replicar su éxito en tus próximas publicaciones.

Estas estrategias y técnicas te ayudarán a maximizar el alcance de tus pines y convertirlos en oportunidades de venta. Sin embargo, la optimización de tus pines es solo una parte del proceso. En la segunda mitad de este capítulo, exploraremos cómo convertir este tráfico en ventas con tácticas efectivas de conversión. ¡Mantente atento a la próxima entrega y descubre cómo llevar tu perfil de Pinterest al siguiente nivel!

Una vez que hayas optimizado tus pines para obtener más tráfico y conversiones, es hora de convertir ese tráfico en ventas. En la segunda mitad de este capítulo, exploraremos algunas tácticas efectivas de conversión que te ayudarán a maximizar los resultados de tu perfil de Pinterest.

1. Dirige a los usuarios a tu sitio web: Uno de los objetivos principales de utilizar Pinterest como una máquina de hacer dinero es impulsar el tráfico a tu sitio web. Asegúrate de que cada uno de tus pines contenga un enlace directo a una página relevante de tu sitio. Esto te permitirá llevar a los usuarios a tu sitio web, donde podrás mostrarles más información sobre tu negocio y convertirlos en clientes.

2. Ofrece contenido exclusivo: Una forma efectiva de aumentar las conversiones es ofreciendo contenido exclusivo a tus seguidores de Pinterest. Puedes crear imágenes, infografías o incluso descargables que solo estén disponibles a través de tu perfil de Pinterest. Esto incentiva a la audiencia a seguirte y les da una razón para interactuar y realizar acciones en tu perfil.

3. Utiliza pines promocionados: Los pines promocionados son una excelente manera de aumentar el alcance de tus publicaciones y llegar a una audiencia más amplia. Puedes utilizar esta función para destacar tus mejores productos o servicios y asegurarte de que lleguen a las personas adecuadas. Los pines promocionados se muestran en la sección de "Pines destacados" de los usuarios y les brindan una mayor visibilidad.

4. Crea pines llamativos y convincentes: El diseño de tus pines juega un papel crucial en la conversión de tus seguidores en clientes. Asegúrate de utilizar imágenes atractivas y de alta calidad que reflejen tu marca y que llamen la atención de la audiencia. Además, incluye texto persuasivo en tus pines para incentivar a los usuarios a tomar acción, ya sea para comprar un producto, suscribirse a tu lista de correo electrónico o visitar tu sitio web.

5. Ofrece promociones y descuentos exclusivos: Una forma efectiva de convertir seguidores en clientes es ofreciendo promociones y descuentos exclusivos a través de tu perfil de Pinterest. Puedes crear pines con códigos de descuento o cupones especiales que solo puedan canjearse a través de tu sitio web. Esto no solo generará ventas, sino que también

incentivará a los usuarios a seguirte y mantenerse comprometidos con tu perfil.

6. Fomenta la interacción y la participación: Para aumentar las conversiones, es importante fomentar la interacción y la participación de tu audiencia. Pide a tus seguidores que comenten, compartan y guarden tus pines. También puedes hacer preguntas en tus descripciones para incentivar a los usuarios a dejar comentarios y participar en la conversación. Cuanto más interactúen los usuarios con tu contenido, más probabilidades habrá de que se conviertan en clientes.

7. Mide y ajusta tus tácticas: Al igual que en la primera mitad del capítulo, es fundamental utilizar las herramientas analíticas de Pinterest para rastrear el rendimiento de tus pines y comprender qué estrategias están funcionando mejor. Analiza las métricas de engagement, tráfico y conversiones para identificar qué pines están generando los mejores resultados y qué ajustes puedes realizar en tus próximas publicaciones.

La optimización de tus pines y las tácticas efectivas de conversión son elementos clave para transformar tu perfil de Pinterest en una máquina de hacer dinero. Sigue estas recomendaciones y estarás en el camino correcto para maximizar el alcance de tus pines y lograr conversiones exitosas. ¡Buena suerte en tu viaje emprendedor en Pinterest!

Capítulo 4: Utilizando palabras clave y hashtags para potenciar tu visibilidad

Aprende a utilizar de manera efectiva las palabras clave y los hashtags para aumentar la visibilidad de tus pines y atraer más seguidores e interesados en tu negocio.

En el mundo digital actual, la visibilidad es clave para el éxito de cualquier emprendedor. Si quieres destacarte en Pinterest y utilizar esta plataforma como una máquina de hacer dinero, es fundamental comprender el poder de las palabras clave y los hashtags. Estas herramientas te permitirán maximizar la visibilidad de tus pines y llegar a un público más amplio. En este capítulo, te enseñaremos cómo utilizarlas de manera efectiva.

Comencemos por las palabras clave. En Pinterest, las palabras clave son fundamentales para que tus pines sean encontrados por los usuarios que buscan contenido relevante. Al incluir las palabras adecuadas en el título, descripción y texto alternativo de tus pines, aumentarás las posibilidades de que aparezcan en los resultados de búsqueda.

La clave para utilizar palabras clave de manera efectiva es entender cómo piensa tu audiencia objetivo. ¿Qué términos buscarían para encontrar tu contenido? Realiza una investigación exhaustiva y utiliza herramientas como el Planificador de palabras clave de Google para identificar las palabras clave más relevantes para tu negocio.

Una vez que hayas identificado las palabras clave adecuadas, es importante incorporarlas de forma natural en el contenido de tus pines. Evita saturarlos con palabras clave, ya que esto puede resultar en una mala experiencia para el usuario. En su lugar, utiliza las palabras clave de manera estratégica y asegúrate de que el contenido sea valioso y relevante para tu audiencia.

Otra manera de aumentar la visibilidad de tus pines es aprovechar al máximo los hashtags. Los hashtags son etiquetas que se utilizan para agrupar contenido relacionado en Pinterest. Al incluir hashtags relevantes en tus pines, facilitas su descubrimiento por parte de los usuarios interesados en temas similares.

Al igual que con las palabras clave, es importante investigar los hashtags más populares y relevantes para tu nicho. Examina los hashtags utilizados por tus competidores o líderes de la industria y observa qué tan activo está cada hashtag en cuanto a publicaciones y compromiso.

Sin embargo, recuerda que menos es más cuando se trata de hashtags. No satures tus pines con una gran cantidad de etiquetas, ya que esto puede ser percibido como spam y afectar negativamente tu visibilidad. En su lugar, selecciona dos o tres hashtags relevantes y con un buen volumen de actividad para cada pin.

A medida que comiences a implementar estas estrategias en tus pines, asegúrate de monitorear los resultados y ajustar tu enfoque según sea necesario. Utiliza las analíticas de Pinterest para identificar qué palabras clave y hashtags están generando más tráfico y compromiso con tu contenido. A partir de esta información, podrás refinar tu estrategia y mejorar continuamente la visibilidad de tu perfil.

Recuerda, la utilización efectiva de palabras clave y hashtags requiere tiempo y esfuerzo, pero los resultados pueden ser significativos. A medida que aumentes la visibilidad de tus pines, atraerás a más seguidores e interesados en tu negocio, lo que se traducirá en mayores oportunidades de generar ingresos a través de Pinterest.

No te pierdas la segunda parte de este capítulo en la que te revelaremos estrategias avanzadas para aprovechar al máximo las palabras clave y hashtags en Pinterest. Prepárate para llevar tu perfil al siguiente nivel y convertirlo en una verdadera máquina de hacer dinero. ¡No podrás perdértelo! Antes de entrar en las estrategias avanzadas para aprovechar al máximo las palabras clave y hashtags en Pinterest, vamos a abordar otra forma efectiva de aumentar la visibilidad de tus pines y atraer más seguidores e interesados en tu negocio: colaboración con otros usuarios.

La colaboración en Pinterest significa trabajar junto con otros usuarios para promover sus pines y, a su vez, que ellos promuevan los tuyos. Esto es especialmente útil para aumentar la visibilidad de tus pines en comunidades y nichos específicos.

Una forma común de colaboración en Pinterest es a través de los llamados "tableros colaborativos". Estos son tableros en los que varios usuarios pueden pinear y contribuir contenido relacionado con un tema en particular. Al unirte a tableros colaborativos relevantes para tu nicho, tendrás la oportunidad de exponer tus pines a una audiencia más amplia y aumentar la visibilidad de tu perfil.

Para encontrar tableros colaborativos, puedes buscar en Pinterest utilizando palabras clave relacionadas con tu nicho y agregar el término "colaborativo" o "grupo". Explora los resultados y elige los tableros que tengan una buena cantidad de seguidores y actividad. Asegúrate de leer las reglas y pautas de cada tablero antes de unirte y comienza a compartir contenido relevante que atraiga a la audiencia del tablero.

Además de los tableros colaborativos, también puedes colaborar directamente con otros usuarios en Pinterest. Esto puede implicar intercambiar pines o incluso organizar eventos como "fiestas de pines" donde los participantes pinean contenido relacionado en un horario específico. Estas colaboraciones pueden ayudarte a aumentar la visibilidad de tus pines y atraer nuevos seguidores.

Otra estrategia para potenciar tu visibilidad en Pinterest es aprovechar al máximo las funciones de etiquetado y geolocalización de la plataforma. Al etiquetar las imágenes de tus pines con los nombres de las personas o marcas que aparecen en ellos, aumentas las posibilidades de que tus pines sean descubiertos por esos usuarios y que ellos mismo los compartan.

En cuanto a la geolocalización, esta función te permite etiquetar tus pines con la ubicación geográfica en la que fueron tomadas las fotos. Esto es especialmente útil si tienes un negocio local o quieres dirigirte a una audiencia específica en una ubicación determinada.

Finalmente, para asegurarte de que la visibilidad de tus pines sigue en aumento, es importante que sigas monitoreando los resultados y ajustando tu estrategia según sea necesario. Utiliza las analíticas de Pinterest para identificar qué tableros colaborativos o usuarios te están generando más tráfico y seguidores. A partir de esta información, podrás enfocar tus esfuerzos en las áreas que están teniendo más éxito y mejorar continuamente la visibilidad de tu perfil.

En resumen, la colaboración con otros usuarios, ya sea a través de tableros colaborativos o colaboraciones directas, puede ser una forma efectiva de aumentar la visibilidad de tus pines en Pinterest. Aprovecha también las funciones de etiquetado y geolocalización para maximizar la exposición de tus pines. Recuerda monitorear y ajustar tu estrategia continuamente para obtener los mejores resultados.

¡Ahora estás listo para llevar tu perfil de Pinterest al siguiente nivel y convertirlo en una verdadera máquina de hacer dinero! No te pierdas la oportunidad de implementar estas estrategias y potenciar tu visibilidad en Pinterest.

Capítulo 5: Creando tableros temáticos que cautiven a tu audiencia.

En el mundo de los emprendedores, donde la competencia es feroz y la atención del público es limitada, necesitamos encontrar formas efectivas de destacar y captar la atención de nuestra audiencia. En el caso de Pinterest, una de las claves para lograr esto es mediante la creación de tableros temáticos que cautiven y generen interacción con nuestro público objetivo.

Un tablero temático es como una ventana hacia los intereses y gustos de tu audiencia. Es una colección organizada de pines que reflejan una determinada temática o estilo. Al organizar tus pines en tableros temáticos atractivos, no solo facilitarás la navegación y la búsqueda de contenido a tus seguidores, sino que también les darás una razón para seguirte y compartir tus pines con otros.

El primer paso para crear tableros temáticos efectivos es identificar los intereses de tu audiencia objetivo. ¿Cuáles son los temas y tendencias que les interesa? ¿Qué tipo de contenido buscan o les resulta útil? Realiza una investigación exhaustiva sobre tu público y obtén una comprensión clara de sus necesidades y preferencias. Esto te permitirá seleccionar temas relevantes y crear tableros que realmente conecten con ellos.

Una vez que tienes una lista de temas, es hora de pensar en cómo organizar tus tableros de manera atractiva. Piensa en ellos como si fueran una galería visual que cuenta una historia. Cada tablero debe tener un hilo conductor que lo una y que refleje la identidad de tu marca. Puedes organizar tus tableros por categorías, por ejemplo, moda, belleza, hogar, estilo de vida, etc. También puedes crear tableros inspirados en temporadas o eventos especiales.

Más allá de la organización, es fundamental que los tableros temáticos sean visualmente atractivos. Selecciona imágenes y fotos de alta calidad que sean llamativas y representativas del tema del tablero. Recuerda que Pinterest es una plataforma altamente visual, por lo que la calidad de las imágenes es clave para captar la atención de tu audiencia.

Además de las imágenes, no olvides optimizar también el texto y las palabras clave de tus tableros. Utiliza títulos y descripciones atractivos que refuercen el tema y el contenido de cada tablero. Esto ayudará a que tus tableros sean más fácilmente encontrados en las búsquedas de los usuarios y aumentarán la interacción con tu contenido.

Una vez que tus tableros temáticos estén listos, es crucial mantenerlos actualizados y llenos de contenido fresco. No dejes que se vuelvan obsoletos o aburridos. Dedica tiempo regularmente para buscar y agregar nuevos pines que sean relevantes y útiles para tu audiencia. Esto mantendrá a tus seguidores interesados y fomentará la interacción y viralización de tu contenido.

En resumen, crear tableros temáticos atractivos es una estrategia poderosa para cautivar a tu audiencia en Pinterest. Identifica los intereses de tu público objetivo, organiza tus tableros de forma atractiva y mantenlos actualizados con contenido fresco. Recuerda que el objetivo principal es generar interacción y fomentar la viralización de tu contenido. En la segunda parte de este capítulo, exploraremos cómo maximizar el alcance de tus tableros y cómo convertirlos en una máquina de hacer dinero en Pinterest. ¡Permanece atento!

Una vez que hayas creado tus tableros temáticos atractivos, es hora de maximizar su alcance y convertirlos en una máquina de hacer dinero en Pinterest. En esta segunda parte del capítulo, exploraremos estrategias efectivas para lograr este objetivo.

Una de las formas más efectivas de maximizar el alcance de tus tableros es mediante la optimización de tus pines y tableros para las búsquedas en Pinterest. Utiliza palabras clave relevantes y populares en los títulos, descripciones y hashtags de tus pines. Esto ayudará a que tus tableros sean más fácilmente encontrados por los usuarios que buscan contenido relacionado.

Además de las palabras clave, es importante que etiquetes tus pines correctamente. Utiliza etiquetas descriptivas y específicas que refuercen el tema y el contenido de tu pin. Esto permitirá que tus pines aparezcan en los resultados de búsqueda y en los tableros destacados relacionados.

Una estrategia adicional para maximizar el alcance de tus tableros es colaborar con influencias y expertos en tu industria. Puedes invitarlos a colaborar en uno de tus tableros temáticos, permitiéndoles agregar sus propios pines relevantes. Esta colaboración no solo aumentará la calidad y diversidad del contenido en tu tablero, sino que también expondrá tu contenido a una audiencia más amplia y potencialmente generará seguidores y clientes potenciales.

Además, asegúrate de compartir tu contenido de Pinterest en otras redes sociales y plataformas. Incluye enlaces a tus tableros y pines en tus perfiles de redes sociales, correos electrónicos, blogs y sitios web. Esto dirigirá tráfico a tu perfil de Pinterest y aumentará la exposición de tus tableros. También puedes considerar la posibilidad de utilizar publicidad paga en Pinterest para promocionar tus tableros temáticos a una audiencia más amplia.

Otra estrategia efectiva para convertir tus tableros en una máquina de hacer dinero es mediante la incorporación de enlaces de afiliados en tus pines. Los enlaces de afiliados te permiten ganar una comisión cada vez que alguien realiza una compra a través de tu enlace. Identifica productos o servicios relevantes a tus tableros temáticos y busca programas de afiliados que te permitan promocionar esos productos o servicios en Pinterest.

También puedes considerar la posibilidad de crear pines promocionados para destacar productos o servicios específicos en tus tableros. Los pines promocionados son anuncios pagados y pueden ayudarte a captar la atención de tu audiencia de una manera más efectiva y generar ventas.

Por último, no descuides el aspecto de la interacción y el compromiso con tu audiencia. Responde a los comentarios y mensajes de tus seguidores, agradece los repines y las menciones, y participa en las comunidades y grupos relevantes en Pinterest. La interacción y la construcción de relaciones sólidas con tu audiencia son fundamentales para generar confianza y fomentar la lealtad, lo cual a su vez puede conducir a ventas y crecimiento de tu negocio.

En resumen, maximizar el alcance de tus tableros temáticos en Pinterest y convertirlos en una máquina de hacer dinero requiere de estrategias efectivas como la optimización para las búsquedas, la colaboración con influencias, la promoción en otras plataformas y la incorporación de enlaces de afiliados. No olvides la importancia de la interacción y la construcción de relaciones con tu audiencia. Implementa estas estrategias y observa cómo tu perfil de Pinterest se convierte en una poderosa herramienta para generar ingresos y crecimiento para tu negocio de emprendedores. ¡No te pierdas el siguiente capítulo donde exploraremos estrategias para monetizar tu perfil de Pinterest de manera más profunda!

Capítulo 6: Colaborando con otros emprendedores y marcas para expandir tu alcance.

Aprende cómo establecer alianzas estratégicas con otros emprendedores y marcas relevantes para aumentar la visibilidad de tu perfil de Pinterest y atraer más seguidores y clientes potenciales.

En el competitivo mundo del emprendimiento, la colaboración se ha convertido en una herramienta fundamental para potenciar el alcance y el crecimiento de nuestros negocios. Es en este espíritu colaborativo donde reside el poder de las alianzas estratégicas con otros emprendedores y marcas relevantes para expandir aún más nuestro perfil en Pinterest y alcanzar nuevos horizontes.

Cuando hablamos de colaborar con otros emprendedores, nos referimos a establecer relaciones mutuamente beneficiosas, donde ambas partes puedan sumar esfuerzos y recursos para alcanzar metas comunes. En el caso de Pinterest, colaborar con otros emprendedores y marcas relevantes implica compartir contenido, promocionarse mutuamente y aprovechar sinergias para llegar a una audiencia más amplia.

Una manera eficiente de iniciar colaboraciones estratégicas es identificar a aquellos emprendedores o marcas que compartan nuestro nicho de mercado o que estén relacionados de alguna forma con nuestros productos o servicios. Puedes comenzar por hacer una búsqueda exhaustiva en Pinterest utilizando palabras clave relacionadas con tu negocio. Esto te permitirá descubrir perfiles de emprendedores o marcas con quienes podrías establecer alianzas.

Una vez que hayas identificado a potenciales colaboradores, es importante investigar sobre ellos y determinar si realmente encajan con los valores y estilo de tu marca. Recuerda que la colaboración debe ser beneficiosa para ambos y generar valor para la audiencia que comparten en común. Asegúrate de que su perfil de Pinterest sea relevante, de calidad y que cuenten con una cantidad significativa de seguidores comprometidos.

Una vez que hayas seleccionado a los emprendedores o marcas con los que deseas colaborar, es momento de establecer contacto. Puedes enviarles un correo electrónico, un mensaje directo en Pinterest o incluso buscar su información de contacto en su página web si la tienen disponible. Es importante elaborar un mensaje claro y conciso en el que les expliques cómo crees que una colaboración mutua podría beneficiar a ambos. Destaca los puntos en los que sus valores y objetivos se alinean y cómo su audiencia podría estar interesada en tu contenido.

Una vez establecida la comunicación inicial, llega el momento de trabajar en conjunto. Pueden compartir contenido relevante entre ambos perfiles, realizar promociones conjuntas, o incluso crear tableros colaborativos donde ambas partes puedan agregar pines. Esto permitirá que sus seguidores conozcan a nuevos emprendedores y marcas, generando una mayor visibilidad y atrayendo a potenciales clientes interesados en lo que tienen para ofrecer.

Además de colaborar con otros emprendedores, también es importante considerar asociarse con marcas relevantes en tu industria. Estas alianzas pueden brindarte acceso a una audiencia más amplia y establecer tu perfil de Pinterest como un referente en tu nicho. Al asociarte con marcas reconocidas y respetadas, tu credibilidad también aumentará, lo que podría resultar en una mayor confianza por parte de tus seguidores y potenciales clientes.

En resumen, la colaboración con otros emprendedores y marcas es una estrategia poderosa para expandir tu alcance en Pinterest. Al compartir contenido y promocionarse mutuamente, podrás atraer más seguidores y potenciales clientes interesados en lo que tienes para ofrecer. Recuerda realizar una exhaustiva investigación previa, establecer contacto de manera profesional y trabajar en conjunto para maximizar los beneficios de estas alianzas.

Capítulo 7: Monetizando tu perfil de Pinterest con programas de afiliados

Los programas de afiliados son una excelente forma de generar ingresos a través de tu perfil de Pinterest. Con la combinación adecuada de estrategia y contenido, puedes convertir tu perfil en una máquina de hacer dinero. En este capítulo, descubrirás cómo utilizar programas de afiliados y optimizar tu estrategia de marketing de afiliación.

Cuando se trata de monetizar tu perfil de Pinterest, los programas de afiliados se presentan como una opción muy ventajosa. Estos programas te permiten promocionar productos o servicios de otras empresas a través de enlaces de afiliación. Cada vez que alguien realiza una compra a través de tu enlace, recibes una comisión por esa venta. Es una forma sencilla y efectiva de ganar dinero a través de tu perfil.

Para comenzar a utilizar programas de afiliados en tu perfil de Pinterest, lo primero que debes hacer es elegir programas que sean relevantes para tu audiencia y nicho de mercado. Es importante que las promociones que realices estén alineadas con los intereses de tus seguidores. De esta manera, aumentarás las posibilidades de generar ventas y obtener comisiones.

Una vez que hayas seleccionado los programas de afiliados adecuados, es hora de implementarlos en tu perfil. Puedes comenzar creando pines y tableros que promocionen los productos o servicios que deseas promover. Asegúrate de utilizar imágenes atractivas y descripciones convincentes que llamen la atención de tus seguidores.

Además, no te límites a promocionar productos directamente. Puedes utilizar tu perfil de Pinterest para crear contenido útil y valioso relacionado con los productos o servicios que estás promocionando. Por ejemplo, si estás promocionando una línea de productos de belleza, puedes crear tableros con consejos de belleza, tutoriales de maquillaje y reseñas de productos. Esto no solo generará interés en tus seguidores, sino que también te ayudará a establecerte como un experto en tu nicho.

Otra estrategia efectiva para monetizar tu perfil de Pinterest es utilizar enlaces de afiliados en tu blog o sitio web. Si tienes un blog o sitio web que complementa tu perfil de Pinterest, puedes agregar enlaces de afiliados en tus publicaciones. Esto te permitirá aprovechar el tráfico que llega a tu blog o sitio web y redirigirlo hacia los productos o servicios que estás promocionando en Pinterest.

Recuerda que la clave para tener éxito con programas de afiliados en tu perfil de Pinterest es ser constante y tener paciencia. No esperes obtener resultados inmediatos, ya que construir una base de seguidores y generar ventas lleva tiempo. Mantente comprometido con tu estrategia y continúa creando contenido de calidad que sea relevante para tu audiencia.

En conclusión, los programas de afiliados son una excelente manera de monetizar tu perfil de Pinterest. Al elegir programas que sean relevantes para tu audiencia, crear contenido atractivo y utilizar enlaces de afiliados estratégicamente, podrás generar ingresos a través de tu perfil. En la siguiente parte de este capítulo, exploraremos técnicas avanzadas para optimizar tu estrategia de marketing de afiliación en Pinterest. ¡Prepárate para descubrir más consejos y trucos para maximizar tus ganancias! Una vez que hayas establecido tu estrategia de programas de afiliados en tu perfil de Pinterest, es importante optimizar tus acciones para maximizar tus ganancias. En esta segunda parte del capítulo, exploraremos técnicas avanzadas que te ayudarán a optimizar tu estrategia de marketing de afiliación en Pinterest.

Una de las técnicas más efectivas para aumentar tus ganancias es realizar un seguimiento y análisis continuo de tus enlaces de afiliados. Esto te permitirá identificar qué productos o servicios están generando más ventas a través de tu perfil de Pinterest. Utiliza herramientas de seguimiento como Google Analytics para obtener información detallada sobre cuántos clics y conversiones ha generado cada enlace. Con esta información, podrás ajustar tu estrategia y enfocarte en promocionar los productos o servicios que están generando mejores resultados.

Otra técnica clave es optimizar tus pines y tableros para maximizar la visibilidad y el alcance. Utiliza palabras clave relevantes en el título y en la descripción de tus pines, así como en el nombre y la descripción de tus tableros. Esto ayudará a que tus pines aparezcan en los resultados de búsqueda de Pinterest y atraigan más tráfico hacia tu perfil.

Además, es importante aprovechar al máximo las funciones de etiquetado y organización de Pinterest. Utiliza etiquetas relevantes en tus pines y tableros para que sean más fáciles de encontrar por los usuarios interesados en esos temas. Organiza tus tableros de manera lógica y coherente, agrupando productos o servicios similares en tableros temáticos. Esto facilitará la navegación de tus seguidores y aumentará las posibilidades de que encuentren lo que están buscando.

Otro aspecto a considerar es la colaboración con otros usuarios de Pinterest. Busca a influencers o bloggers en tu nicho de mercado y explora oportunidades de colaboración. Puedes realizar pines colaborativos en los que incluyan tus productos o servicios y los de otros usuarios. Esto te permitirá ampliar tu alcance y llegar a una audiencia más amplia, lo que a su vez aumentará tus posibilidades de generar ventas y obtener comisiones.

Además de las técnicas mencionadas anteriormente, es importante estar al tanto de las últimas tendencias y novedades en el mundo del marketing de afiliación en Pinterest. Mantente informado sobre las nuevas funciones y herramientas que Pinterest ofrece a los afiliados, así como sobre las mejores prácticas en la industria. Únete a grupos y comunidades en línea donde puedas compartir experiencias y aprender de otros emprendedores que también están monetizando sus perfiles de Pinterest.

En resumen, optimizar tu estrategia de marketing de afiliación en Pinterest requiere un enfoque continuo y un análisis constante de tus acciones. Realiza un seguimiento detallado de tus enlaces de afiliados, optimiza tus pines y tableros para maximizar la visibilidad y alcance, colabora con otros usuarios y mantente informado sobre las últimas tendencias y novedades. Con estas técnicas avanzadas, podrás maximizar tus ganancias y transformar tu perfil de Pinterest en una verdadera máquina de hacer dinero.

¡Aprovecha al máximo el potencial de programas de afiliados en tu perfil de Pinterest y descubre cómo generar ingresos de manera efectiva y sostenible!

Capítulo 8: Promocionando tus productos o servicios en Pinterest

Aprende a utilizar Pinterest como una poderosa herramienta de promoción para dar a conocer y vender tus productos o servicios.

Pinterest se ha convertido en una plataforma esencial para los emprendedores que desean promocionar sus productos o servicios de una manera visualmente atractiva y efectiva. Con millones de usuarios activos diariamente, esta red social se ha convertido en un auténtico imán para aquellos que buscan inspiración y descubrir nuevas ideas.

Si bien la mayoría de las personas piensa en Pinterest como un lugar para encontrar recetas deliciosas, ideas de decoración o trucos de moda, la realidad es que esta plataforma va mucho más allá. Pinterest ofrece un sinfín de oportunidades para promocionar tus productos o servicios, y es hora de que los emprendedores aprovechen al máximo esta valiosa herramienta.

Antes de adentrarnos en estrategias específicas, es fundamental comprender la importancia de optimizar tu perfil de Pinterest. Tu perfil es tu carta de presentación, y debe reflejar la esencia de tu marca y lo que tienes para ofrecer. Asegúrate de que tu nombre de usuario, foto de perfil y descripción sean coherentes y representen tu negocio de manera clara y atractiva.

Una vez que hayas optimizado tu perfil, es hora de comenzar a crear tableros que sean relevantes para tu nicho de mercado. Crea tableros temáticos que reflejen los intereses de tu público objetivo y llena cada uno de ellos con imágenes de alta calidad y descripciones atractivas. Recuerda que Pinterest es una red visual, por lo que es crucial que tus imágenes sean impactantes y atractivas.

Además de compartir tus propias imágenes, es importante que también compartas contenido relevante de otros usuarios. Compartir contenido de calidad aumentará tu visibilidad y te ayudará a establecer relaciones con otros emprendedores en tu industria. Recuerda siempre acreditar a los autores originales y fomentar una comunidad de reciprocidad.

Ahora bien, ¿cómo puedes utilizar Pinterest para promocionar tus productos o servicios de manera efectiva? Una de las mejores estrategias es crear pines promocionales. Estos pines actúan como anuncios visuales que pueden enlazar directamente a tu sitio web, tienda en línea o página de productos. Asegúrate de diseñar pines atractivos y llamativos, y utiliza palabras clave relevantes en tus descripciones para que sean más fáciles de encontrar para los usuarios.

Otra estrategia efectiva es utilizar los Rich Pins. Estos pines enriquecidos permiten agregar información adicional a tus pines, como descripciones detalladas, precios actualizados y disponibilidad de productos. Esto proporciona a los usuarios una experiencia más completa y ayuda a generar confianza y credibilidad en tu marca.

Además de la promoción directa, Pinterest también puede ser utilizado como una fuente de inspiración para tus seguidores. Crea tableros que muestren cómo tus productos o servicios pueden ser utilizados en diferentes situaciones o cómo pueden complementar otros productos. Proporciona ideas y consejos útiles que inspirarán a tus seguidores y los incitarán a realizar una compra.

En resumen, Pinterest puede transformarse en una máquina de hacer dinero para los emprendedores que aprendan a utilizarla de manera efectiva. Optimiza tu perfil, crea tableros temáticos, comparte contenido relevante y utiliza estrategias de promoción como los pines promocionales y los Rich Pins. Aprovecha la capacidad de esta plataforma para inspirar a tu público objetivo y establecer relaciones duraderas con otros emprendedores en tu industria.

En la segunda parte de este capítulo, exploraremos más estrategias efectivas para promocionar tus productos o servicios en Pinterest y maximizar tus oportunidades de generar ingresos. Continuemos:

Una estrategia poderosa para promocionar tus productos en Pinterest es aprovechar al máximo las características de los tableros compartidos. Los tableros compartidos son una excelente manera de colaborar con otros usuarios y aumentar la visibilidad de tus productos. Puedes crear tableros compartidos con otros emprendedores en tu industria que tengan productos complementarios y ofrecer a tus seguidores una experiencia más completa. Por ejemplo, si tienes una tienda en línea que vende productos de belleza orgánicos, puedes colaborar con un emprendedor que venda productos de cuidado de la piel natural y crear un tablero compartido con ideas de rutinas de belleza saludables. Esto te ayudará a llegar a una audiencia más amplia y generar interés en tus productos.

Además de los tableros compartidos, otra forma efectiva de promocionar tus productos es aprovechar la función de compra de Pinterest. Esta función te permite vincular directamente tus productos a tu sitio web o tienda en línea, lo que facilita a los usuarios realizar una compra. Asegúrate de que tus productos estén etiquetados correctamente con la información de precios y disponibilidad actualizada para que los usuarios puedan tomar decisiones informadas. También puedes utilizar pines en vista previa, que muestran una imagen grande de tu producto y su precio, lo que aumentará la visibilidad y el interés de los usuarios.

Otra estrategia para promocionar tus productos en Pinterest es utilizar videos. Los videos son una forma altamente efectiva de captar la atención de los usuarios y mostrar tus productos en acción. Puedes crear videos cortos que muestren cómo utilizar tus productos o demostrar sus beneficios. Asegúrate de que los videos sean de alta calidad y estén optimizados para la reproducción en la plataforma. También puedes utilizar videos testimoniales de clientes satisfechos para generar confianza en tu marca y tus productos.

Además, es importante mencionar la importancia del SEO en Pinterest. Al igual que en otras plataformas, utilizar palabras clave relevantes en tus descripciones y títulos de pines aumentará la visibilidad de tus productos. Investiga las palabras clave más buscadas en tu industria y úsalas estratégicamente en tus pines. También puedes utilizar hashtags relevantes para aumentar la visibilidad de tus pines y llegar a audiencias más amplias. Recuerda siempre realizar un seguimiento y análisis de tus tácticas de SEO para optimizar tus resultados.

Por último, no olvides conectar con tu audiencia a través de la interacción y la participación. Sigue a otros usuarios en tu industria, da me gusta y comenta en sus pines, y responde a los comentarios de tus seguidores. Fomenta una comunidad activa y comprometida en tu perfil, lo que ayudará a generar confianza y fidelidad en tu marca. También puedes organizar concursos o sorteos para hacer que tus seguidores se involucren y promocionen tus productos de manera orgánica.

En conclusión, Pinterest ofrece a los emprendedores una plataforma poderosa para promocionar sus productos o servicios y generar ingresos. Utiliza estrategias como los tableros compartidos, la función de compra, los videos y el SEO para maximizar tu visibilidad y llegar a tu público objetivo. No olvides interactuar y participar activamente en la plataforma para fomentar relaciones duraderas y fidelidad en tu marca. ¡Aprovecha al máximo esta máquina de hacer dinero y transforma tu perfil de Pinterest en una herramienta indispensable para tu negocio!

Capítulo 9: Estrategias avanzadas para aumentar tu presencia en Pinterest.

Descubre técnicas avanzadas para potenciar tu presencia en Pinterest, desde la utilización de pines enriquecidos hasta la implementación de publicidad para maximizar tus resultados.

Pinterest se ha convertido en una herramienta imprescindible para emprendedores que buscan aumentar su visibilidad en línea y fortalecer su presencia en el mundo digital. Con millones de usuarios activos mensuales, esta plataforma ofrece un vasto potencial para aquellos que saben aprovecharlo.

En este capítulo, nos sumergiremos en estrategias avanzadas que te ayudarán a llevar tu perfil de Pinterest al siguiente nivel. Descubrirás cómo utilizar pines enriquecidos para captar la atención de tus seguidores y atraer a nuevos visitantes a tu sitio web. Asimismo, exploraremos la posibilidad de implementar publicidad en Pinterest para maximizar tus resultados y convertir tu perfil en una verdadera máquina de hacer dinero.

Una de las herramientas más poderosas que Pinterest pone a tu disposición son los pines enriquecidos. Estos pines permiten agregar información adicional a tus imágenes, como descripciones ampliadas, enlaces a tu sitio web y botones de llamada a la acción. Al utilizar pines enriquecidos de manera estratégica, podrás llamar la atención de los usuarios y aumentar la interacción con tus contenidos.

Existen diferentes tipos de pines enriquecidos que puedes utilizar, como los pines de producto, los pines de recetas o los pines de artículos. Cada tipo de pin está diseñado para adaptarse a diferentes industrias y objetivos, por lo que es importante que elijas aquellos que mejor se ajusten a tu negocio.

Además de utilizar pines enriquecidos, es fundamental implementar una estrategia de publicidad en Pinterest. A través de las campañas publicitarias, podrás llegar a una audiencia más amplia y aumentar la visibilidad de tus contenidos. Pinterest ofrece diferentes opciones publicitarias, como los pines promocionados y los anuncios en formato carrusel, que te permiten mostrar tus productos o servicios de manera atractiva y efectiva.

Al crear una campaña publicitaria en Pinterest, es fundamental establecer objetivos claros y definir tu público objetivo. Esto te permitirá segmentar de manera adecuada tus anuncios y asegurarte de llegar a las personas indicadas. Además, debes prestar atención a la estética de tus anuncios, utilizando imágenes de calidad y textos persuasivos que generen interés en los usuarios.

Sin embargo, no basta con utilizar pines enriquecidos y publicidad para potenciar tu presencia en Pinterest. También es necesario mantener una estrategia de contenido constante y de calidad. Debes asegurarte de compartir regularmente pines relevantes y útiles para tu audiencia. Además, no olvides utilizar palabras clave relevantes en tus descripciones y títulos de pines, para facilitar la visibilidad de tus contenidos en los motores de búsqueda.

En resumen, para aumentar tu presencia en Pinterest y convertir tu perfil en una máquina de hacer dinero, debes utilizar técnicas avanzadas como los pines enriquecidos y la publicidad. Estas estrategias te ayudarán a captar la atención de tu audiencia y atraer a nuevos seguidores y clientes a tu negocio. Recuerda también mantener una estrategia constante de contenido de calidad para mantener el interés de tus seguidores. En la siguiente parte de este capítulo, exploraremos técnicas adicionales para maximizar tus resultados en Pinterest. ¡Sigue leyendo! Continuar aumentando tu presencia en Pinterest no se trata solo de utilizar pines enriquecidos y publicidad, sino también de aprovechar al máximo las características y funciones que la plataforma ofrece. En esta segunda mitad de capítulo, exploraremos técnicas adicionales que te ayudarán a optimizar tus resultados en Pinterest y convertir tu perfil en una máquina de hacer dinero.

Una de las estrategias más efectivas para aumentar la visibilidad de tu contenido en Pinterest es utilizar grupos y tableros colaborativos. Estos son espacios en los que varios usuarios comparten pines relacionados con un tema específico. Unirte a grupos y tableros colaborativos relevantes a tu nicho te permitirá aumentar la visibilidad de tus pines al exponerlos a una audiencia más amplia. Además, al interactuar con otros usuarios que comparten intereses similares, podrás establecer relaciones y colaboraciones que beneficien a ambas partes.

Al utilizar grupos y tableros colaborativos, es importante seguir algunas recomendaciones para maximizar tus resultados. Primero, asegúrate de unirte a grupos y tableros activos y relevantes a tu negocio. Esto significa buscar aquellos que tengan un buen número de seguidores y donde los usuarios estén activos y comprometidos. Además, al compartir tus pines en grupos y tableros colaborativos, siempre añade una descripción clara y atractiva que invite a los usuarios a interactuar con tu contenido.

Otra estrategia clave para aumentar tu presencia en Pinterest es la interacción con otros usuarios. Al igual que en otras redes sociales, la interacción en Pinterest es fundamental para fortalecer tu presencia y construir una comunidad sólida. Al interactuar con tus seguidores y otros usuarios interesados en tu contenido, podrás aumentar la visibilidad de tus pines y generar mayor engagement.

Existen varias formas de interactuar en Pinterest. Una de ellas es dar "me gusta" y comentar en los pines de otros usuarios. Al hacerlo, estarás generando notificaciones en la plataforma y captando la atención de esos usuarios. Además, al comentar de manera relevante y útil, podrás establecer conexiones con otros emprendedores y potenciales clientes.

Otra forma de interactuar en Pinterest es aprovechar la función de "seguir" a otros usuarios y tableros. Siguiendo a usuarios y tableros relevantes a tu negocio, estarás mostrando interés en su contenido y generando la posibilidad de que te sigan de vuelta. Además, al seguir a usuarios influyentes en tu nicho, podrás estar al tanto de las últimas tendencias y novedades, lo que te ayudará a mejorar tu estrategia de contenido.

Además de interactuar con otros usuarios, es importante estar atento a las métricas y estadísticas que Pinterest ofrece. Utilizar la herramienta de análisis te permitirá tener una visión clara del rendimiento de tus pines y de tu perfil en general. Podrás ver qué pines son los más populares, cuáles generan mayor engagement y qué tipo de contenido es más efectivo para tu audiencia. Estos datos te ayudarán a tomar decisiones informadas y a optimizar tu estrategia en Pinterest.

En conclusión, para aumentar tu presencia en Pinterest y convertir tu perfil en una máquina de hacer dinero, debes utilizar técnicas avanzadas como los pines enriquecidos y la publicidad. Además, aprovecha al máximo las características y funciones que Pinterest ofrece, como grupos y tableros colaborativos, la interacción con otros usuarios y el análisis de métricas. Estas estrategias te ayudarán a fortalecer tu presencia en línea y a atraer a una audiencia comprometida y dispuesta a realizar compras. ¡Sigue implementando estas técnicas y alcanza el éxito en Pinterest!

Capítulo 10: Analizando y optimizando tu estrategia en Pinterest

En el mundo del emprendimiento, la capacidad de adaptación y mejora constante es esencial. Cuando se trata de utilizar Pinterest como una herramienta efectiva para hacer crecer tu negocio, es fundamental analizar y optimizar tu estrategia de forma regular. Solo mediante la evaluación y los ajustes adecuados podrás potenciar tus resultados y alcanzar el éxito deseado.

A medida que avanzamos en este capítulo, aprenderás a utilizar herramientas analíticas de Pinterest para evaluar el rendimiento de tu perfil y establecer una estrategia sólida que te permita alcanzar tus objetivos empresariales.

Antes de sumergirnos en el análisis, es importante recordar que Pinterest es una plataforma única en términos de contenido visual y descubrimiento. Su capacidad para conectar a las personas con ideas inspiradoras y productos relevantes la convierten en una herramienta poderosa para emprendedores como tú.

Cuando se trata de optimizar tu estrategia en Pinterest, comenzar por comprender el rendimiento actual de tu perfil es crucial. Afortunadamente, Pinterest ofrece una serie de herramientas analíticas que te permiten acceder a valiosa información sobre cómo interactúan los usuarios con tu contenido.

Uno de los aspectos clave a tener en cuenta es el alcance de tus pines. ¿Cuántas personas están viendo tus pines y cuántas de ellas se convierten en seguidores o hacen clic en tus enlaces? La herramienta de análisis de

Pinterest te proporcionará información precisa sobre las impresiones, los clics y las repins que reciben tus pines.

Otro dato importante a considerar es el rendimiento de tus tableros. ¿Qué tableros atraen más interacción y engagement? ¿Cuáles son los pines que generan más clics y repins? La herramienta analítica te permitirá obtener una visión clara de qué aspectos de tu estrategia están funcionando y en qué áreas puedes mejorar.

Además de analizar la interacción de los usuarios, también es fundamental comprender el impacto de tus pines en el tráfico de tu sitio web. Si tu objetivo principal es aumentar las visitas y las conversiones, es esencial hacer un seguimiento de cuánto tráfico deriva Pinterest a tu sitio. Al analizar el porcentaje de clics en tus enlaces y las páginas más visitadas, podrás identificar qué pines están generando resultados y cuáles pueden necesitar una optimización adicional.

Una vez que hayas evaluado el rendimiento actual de tu perfil en Pinterest, es hora de realizar ajustes estratégicos. Esta es la parte emocionante donde podrás aplicar tu creatividad y conocimientos para mejorar tus resultados.

Un aspecto importante de la optimización es la actualización de tus tableros y pines existentes. ¿Hay algún contenido que ya no sea relevante o que necesite una actualización? Al mantener tu perfil actualizado y coherente con tu marca, estarás enviando señales claras a los usuarios y aumentando las posibilidades de interacción.

Además de la actualización de contenido, considera la posibilidad de reorganizar tus tableros para mejorar la experiencia del usuario. ¿Puedes agrupar tableros relacionados y facilitar la navegación? La organización efectiva puede hacer la diferencia entre un usuario que se siente abrumado y uno que se siente intrigado y motivado a explorar más.

Por último, pero no menos importante, es esencial seguir experimentando. El éxito en Pinterest no se trata solo de tener una estrategia sólida en el momento presente, sino también de estar dispuesto a probar nuevas ideas y adaptarte a medida que evoluciona la plataforma.

Mantén un ojo en las tendencias emergentes y mantén tu mente abierta a la innovación.

Como emprendedor, tu perfil en Pinterest puede transformarse en una máquina de hacer dinero si aplicas una estrategia analítica y de optimización adecuada. En la segunda mitad de este capítulo, exploraremos cómo utilizar aún más estas herramientas analíticas de Pinterest para maximizar tus resultados y llevar tu negocio al siguiente nivel. ¡Sigue leyendo y descubre los secretos para el éxito en Pinterest! Una vez que hayas realizado los ajustes estratégicos necesarios para optimizar tu perfil en Pinterest, es hora de sacar el máximo provecho de las herramientas analíticas disponibles. En esta segunda mitad del capítulo, profundizaremos en cómo utilizar estas herramientas para maximizar tus resultados y llevar tu negocio al siguiente nivel.

Una de las formas más efectivas de utilizar las herramientas analíticas de Pinterest es realizar un seguimiento de tus competidores. Observar lo que están haciendo y cómo les está yendo te brindará información valiosa para mejorar tus propias estrategias. Utiliza la herramienta de análisis de Pinterest para monitorear el rendimiento de los perfiles de tus competidores, prestando especial atención a los pines que generan más interacción y engagement. Esto te permitirá identificar nuevas ideas y oportunidades para enriquecer tu propio contenido y destacarte en el mercado.

Otra herramienta valiosa para potenciar tus resultados en Pinterest es la función de prueba A/B. Esta función te permite crear y probar diferentes versiones de tus pines para determinar cuál obtiene mejores resultados. Realiza pruebas con elementos como el texto, el diseño y las imágenes de tus pines para identificar qué combinación funciona mejor para atraer la atención y el interés de tu audiencia. Recuerda siempre tomar nota de los resultados y ajustar tu estrategia en consecuencia.

Además de realizar pruebas A/B, es importante utilizar la función de programación de pines de Pinterest. Esta herramienta te permite programar tus pines para que se publiquen en los momentos óptimos en términos de alcance y engagement. Utiliza los datos analíticos de Pinterest para determinar cuándo tu audiencia está más activa y programa tus pines en consecuencia. Esto aumentará las posibilidades de que tus pines sean vistos y compartidos, lo que a su vez generará más tráfico hacia tu perfil y sitio web.

Otro aspecto fundamental en la optimización de tu estrategia en Pinterest es la colaboración con otros usuarios. Identifica a influencers o usuarios relevantes en tu nicho y establece relaciones colaborativas. Pide a estos usuarios que compartan tus pines o que te muestren en sus tableros para aumentar tu visibilidad y prestigio en la plataforma. Asegúrate de que la colaboración sea mutuamente beneficiosa y utiliza las herramientas analíticas de Pinterest para evaluar el impacto de estas colaboraciones en tu perfil y resultados.

Por último, no olvides la importancia de la interacción y el compromiso con tu audiencia en Pinterest. Responde a los comentarios, preguntas y mensajes de tus seguidores de manera oportuna y amigable. Participa en las conversaciones relevantes y sé un recurso útil para tu comunidad. El compromiso y la relación con tu audiencia son clave para construir una base sólida de seguidores leales y entusiastas.

En resumen, optimizar tu estrategia en Pinterest requiere de un enfoque analítico y constante experimentación. Utiliza las herramientas analíticas de Pinterest para evaluar el rendimiento de tu perfil, tomar nota de lo que funciona y ajustar tu estrategia en consecuencia. Monitorea a tus competidores, realiza pruebas A/B, utiliza la programación de pines, colabora con otros usuarios y mantén un compromiso constante con tu audiencia. Estas acciones te permitirán maximizar tus resultados y transformar tu perfil de Pinterest en una poderosa máquina de hacer dinero.

¡Sigue adelante con tu estrategia en Pinterest y descubre todo el potencial que esta plataforma tiene para ofrecerte como emprendedor!

Capítulo 11: Construyendo una comunidad activa en Pinterest

En un mundo cada vez más digitalizado, Pinterest se ha convertido en una plataforma esencial para los emprendedores. Al utilizar estratégicamente esta red social, puedes transformar tu perfil en una auténtica máquina de hacer dinero. Sin embargo, para lograrlo, debes construir una comunidad activa en Pinterest. En este capítulo, descubrirás cómo fomentar la interacción y participación de tu comunidad en Pinterest para construir relaciones duraderas y convertir seguidores en clientes leales.

Antes de adentrarnos en las estrategias específicas, es fundamental comprender la importancia de una comunidad activa en Pinterest. A diferencia de otras plataformas sociales, Pinterest se enfoca en la inspiración y el descubrimiento. Los usuarios acuden a esta plataforma en busca de ideas e imágenes visuales que les interesen. Por lo tanto, si logras captar su atención y generar una interacción significativa, tu perfil se convertirá en un referente de confianza y autoridad en tu nicho.

Para empezar, asegúrate de que tu perfil de Pinterest esté claramente alineado con tu marca. Utiliza una foto de perfil y una descripción que reflejen tu identidad empresarial. De esta manera, tu comunidad se sentirá identificada y estará más dispuesta a interactuar contigo. Además, optimiza tu perfil utilizando palabras clave relevantes en tus tableros y pines. Esto facilitará que los usuarios te encuentren cuando busquen contenido relacionado.

Una vez que tienes una base sólida para tu perfil, es hora de comenzar a fomentar la interacción. La clave para construir una comunidad activa en Pinterest es ser consistente y relevante en tus publicaciones. Crea tableros temáticos que representen los intereses de tu audiencia y agrega pines regularmente. Asegúrate de seleccionar imágenes atractivas y de calidad, ya que el aspecto visual es fundamental en Pinterest.

Además, no olvides la importancia de seguir a otros usuarios e interactuar con su contenido. Comenta, da me gusta y comparte los pines que encuentres interesantes. De esta manera, establecerás conexiones con otros emprendedores y ampliarás tu visibilidad en la plataforma. Recuerda que Pinterest es una red social, por lo que la interacción bidireccional es clave para construir relaciones duraderas.

Otra estrategia efectiva para fomentar la participación de tu comunidad en Pinterest es la creación de concursos y desafíos. Invita a tus seguidores a crear tableros temáticos y a pinnear imágenes relacionadas con tu marca. Puedes ofrecer premios o reconocimientos especiales para incentivar la participación. Esto generará entusiasmo y aumentará la interacción en tu perfil.

Por último, pero no menos importante, utiliza las analíticas de Pinterest para comprender qué tipo de contenido genera más interacción en tu perfil. Puedes descubrir qué pines obtienen más repines, comentarios y clics. Utiliza esta información para ajustar tu estrategia y optimizar tus publicaciones futuras.

En resumen, construir una comunidad activa en Pinterest es esencial para transformar tu perfil en una máquina de hacer dinero. La interacción y participación de tu comunidad son clave para construir relaciones duraderas y convertir seguidores en clientes leales. Asegúrate de alinear tu perfil con tu marca, publicar regularmente contenido relevante, interactuar con otros usuarios y utilizar estrategias como concursos y desafíos. La siguiente parte de este capítulo profundizará en cómo convertir a tus seguidores en clientes leales. ¡Prepárate para descubrir estrategias efectivas que te ayudarán a maximizar tus ganancias en Pinterest! Una vez que hayas logrado construir una comunidad activa en Pinterest, es hora de convertir a tus seguidores en clientes leales. En esta segunda parte del capítulo, descubrirás estrategias efectivas que te ayudarán a maximizar tus ganancias en Pinterest.

En primer lugar, es importante utilizar pins promocionales para destacar tus productos o servicios. Estos pins pueden incluir imágenes atractivas y llamadas a la acción claras. Asegúrate de enlazar tus pins promocionales con la página de destino correspondiente en tu sitio web o tienda en línea. De esta manera, tus seguidores podrán obtener más información o realizar una compra fácilmente.

Además de los pins promocionales, también puedes utilizar Rich Pins para proporcionar información adicional sobre tus productos. Los Rich Pins pueden incluir detalles como el precio, la disponibilidad y el título del producto. Esto ayudará a tus seguidores a tomar decisiones de compra informadas directamente desde Pinterest.

Otra estrategia efectiva para convertir a tus seguidores en clientes leales es ofrecer contenido exclusivo. Puedes crear tableros secretos y compartirlos solo con tus seguidores más fieles. Estos tableros pueden incluir contenido especial, como promociones, descuentos o consejos exclusivos. Al proporcionar valor adicional a tus seguidores, fortalecerás la lealtad de tus clientes y aumentarás las posibilidades de que realicen compras en tu negocio.

También es importante utilizar Pinterest como una herramienta de servicio al cliente. Responde a los comentarios y preguntas que recibas en tus pines y tableros. Brinda asistencia y apoyo a tus seguidores, y asegúrate de resolver cualquier problema o inquietud que puedan tener. Al mostrarles tu profesionalismo y compromiso, construirás confianza y lealtad en tu comunidad.

Además de utilizar Pinterest como una plataforma de venta directa, también puedes utilizarla para generar tráfico a tu sitio web o blog. Crea pins que redirijan a artículos o contenido relevante en tu página. Esto te permitirá mostrar tu experiencia y conocimiento en tu nicho, al tiempo que generas interés en tu marca. Asegúrate de incluir llamadas a la acción claras en tus pins y tableros para incentivar a tus seguidores a visitar tu sitio web o blog.

Finalmente, no olvides la importancia de medir y analizar tus resultados en Pinterest. Utiliza las analíticas de la plataforma para comprender qué pins y estrategias generan más tráfico, interacción y ventas. Esto te permitirá ajustar tu estrategia y optimizar tus esfuerzos futuros. Además, considera realizar pruebas A/B para determinar qué tipos de pins y llamadas a la acción funcionan mejor con tu audiencia.

En conclusión, convertir a tus seguidores en clientes leales en Pinterest requiere de estrategias efectivas y consistentes. Utiliza pins promocionales, Rich Pins y contenido exclusivo para destacar tus productos y fortalecer la lealtad de tus clientes. Brinda un excelente servicio al cliente y utiliza Pinterest como una herramienta para generar tráfico a tu sitio web o blog. No te olvides de medir y analizar tus resultados para optimizar tu estrategia. ¡Las posibilidades de generar ingresos en Pinterest son infinitas si utilizas las estrategias adecuadas!

Capítulo 12: Técnicas para generar contenido viral en Pinterest

Aprende las técnicas más efectivas para crear y promocionar contenido viral en Pinterest, maximizando así su alcance y el impacto en tu negocio.

En el mundo digital actual, el contenido viral es el santo grial de cualquier estrategia de marketing en redes sociales. No solo genera una mayor visibilidad para tu negocio, sino que también impulsa el tráfico a tu sitio web y fomenta el compromiso de los usuarios. En Pinterest, una plataforma de enfoque visual, el contenido viral puede hacer maravillas para llevar tu perfil y tu negocio al siguiente nivel.

1. Diseña contenido impactante: La primera regla para generar contenido viral en Pinterest es crear imágenes impactantes y llamativas. Recuerda que el cerebro humano procesa la información visual más rápidamente que cualquier otro tipo de contenido. Por lo tanto, es fundamental captar la atención de los usuarios en un instante con imágenes atractivas y de alta calidad. Utiliza colores vibrantes, diseños creativos y pon el énfasis en aquello que quieres destacar.

2. Inspírate en las tendencias: Pinterest es una plataforma que está en constante evolución y siempre hay nuevas tendencias emergentes. Mantente al día con lo que está sucediendo y busca inspiración en las tendencias actuales para crear contenido que resuene con tu audiencia. Explora los tableros más populares y fíjate en los Pines que se están compartiendo en gran medida. Utiliza esta información para generar ideas y adaptarlas a tu propio estilo y voz.

3. Utiliza palabras clave efectivas: Al igual que en cualquier otra plataforma de búsqueda, las palabras clave son clave en Pinterest. Realiza una investigación exhaustiva de palabras clave relacionadas con tu nicho o temática y utilízalas en la descripción y texto de tus Pines. Esto ayudará a que tus Pines sean más fácilmente encontrados por los usuarios y aumentará la probabilidad de que se compartan y se conviertan en contenido viral.

4. Conviértete en un narrador visual: En lugar de simplemente compartir imágenes al azar, aprovecha la oportunidad para contar historias a través de tus tableros en Pinterest. Crea secuencias de imágenes relacionadas que transmitan una narrativa clara y envolvente. Esto mantendrá a tus seguidores interesados y los incitará a compartir tu contenido con otros.

5. Aprovecha las funciones interactivas: Pinterest ofrece una serie de funciones interactivas que puedes utilizar para aumentar la visibilidad y viralidad de tu contenido. Por ejemplo, los Pines enriquecidos te permiten agregar detalles adicionales a tus imágenes, como recetas de cocina, instrucciones paso a paso o productos relacionados. Además, no olvides utilizar los Pines destacados, Pines de ideas y Pines de productos para ofrecer a los usuarios contenido adicional e incentivar su participación.

6. Promociona tu contenido en redes sociales: Si quieres que tu contenido se vuelva viral en Pinterest, es crucial promocionarlo en otras plataformas de redes sociales. Comparte tus Pines en Facebook, Instagram, Twitter, y cualquier otra red social que utilices. No tengas miedo de pedir a tus seguidores que compartan tu contenido también. La promoción cruzada en redes sociales le dará un impulso adicional a tu contenido y lo ayudará a ganar visibilidad entre audiencias más amplias.

Recuerda, generar contenido viral en Pinterest requiere tiempo, esfuerzo y creatividad. No te desanimes si no ves resultados inmediatos. Persevera, mantén la calidad de tu contenido y aprovecha estas técnicas para maximizar su alcance. En la segunda mitad de este capítulo, exploraremos otras estrategias y tácticas avanzadas para llevar tu contenido viral al siguiente nivel. ¡Prepárate para sorprenderte!

(Suspense)

¡Bienvenidos de nuevo! En la primera mitad de este capítulo, exploramos algunas técnicas efectivas para generar contenido viral en Pinterest. Ahora, en la segunda mitad, profundizaremos en estrategias y tácticas más avanzadas que te ayudarán a llevar tu contenido al siguiente nivel.

7. Colabora con otros usuarios influyentes: Una excelente manera de ampliar tu alcance y aumentar la viralidad de tu contenido en Pinterest es colaborar con usuarios influyentes en tu nicho. Busca personas y marcas que compartan intereses similares a los tuyos y propón colaboraciones conjuntas. Puedes crear tableros colaborativos donde cada participante aporte su contenido e invite a sus seguidores a unirse. Esta sinergia permitirá que tu contenido alcance a una audiencia nueva y más amplia, aumentando así su potencial para volverse viral.

8. Utiliza la función "Historias": Pinterest ahora ofrece la función de "Historias", que te permite crear secuencias de imágenes y videos que desaparecen después de 24 horas. Aprovecha esta herramienta para crear contenido exclusivo y temporal que genere expectación y despierte el interés de tus seguidores. Las historias también pueden ser una excelente manera de mostrar detrás de escena, lanzamientos de productos o promociones especiales.

9. Experimenta con formatos de contenido únicos: Además de las imágenes estándar, Pinterest ofrece una variedad de formatos de contenido, como videos, Carousels (colecciones de imágenes) y Cinemagraphs (imágenes en movimiento). Experimenta con estos diferentes formatos para llamar la atención de los usuarios y destacar entre la multitud. Los videos, en particular, tienen un alto potencial viral y pueden ser una herramienta poderosa para contar historias y transmitir información de manera efectiva.

10. Opta por el marketing de influyentes: El marketing de influyentes puede ser una estrategia efectiva para aumentar la viralidad de tu contenido en Pinterest. Colabora con influyentes en tu nicho que tengan una gran cantidad de seguidores leales y pídeles que compartan tu contenido. Esto ayudará a amplificar tu mensaje y a llegar a una audiencia más amplia y comprometida.

11. Realiza concursos y promociones: Los concursos y promociones son una excelente manera de generar entusiasmo e interés alrededor de tu contenido y negocio en Pinterest. Organiza concursos donde los usuarios puedan participar al compartir tu contenido o Pinear imágenes específicas. Establece premios atractivos que incentiven la participación y fomenten que los participantes compartan tu contenido con sus seguidores. Este tipo de campañas pueden ser altamente virales y ayudarte a ganar visibilidad rápidamente.

12. Analiza y mejora constantemente: A medida que implementas estas técnicas y estrategias, es importante analizar regularmente los resultados y realizar mejoras. Utiliza las herramientas analíticas de Pinterest para rastrear el rendimiento de tu contenido y comprender qué tácticas funcionan mejor para tu audiencia. A partir de estos datos, ajusta y mejora tu estrategia para maximizar su efectividad y lograr resultados aún más virales.

En resumen, generar contenido viral en Pinterest requiere una combinación de creatividad, esfuerzo y perseverancia. Aprovecha las técnicas y estrategias que hemos discutido en este capítulo para maximizar el alcance y el impacto de tu contenido. Recuerda que el contenido viral no solo aumentará la visibilidad de tu negocio, sino que también generará tráfico a tu sitio web y fomentará el compromiso de los usuarios. ¡No te desanimes si no ves resultados inmediatos y continúa explorando y experimentando con nuevas ideas!

Capítulo 13: Casos de éxito en Pinterest y sus lecciones

Analiza casos de éxito de emprendedores en Pinterest y extrae valiosas lecciones y estrategias que puedas aplicar a tu propio negocio.

Pinterest ha surgido como una poderosa herramienta para los emprendedores, permitiéndoles impulsar sus negocios y alcanzar un mayor alcance y éxito. En este capítulo, exploraremos algunos casos de éxito en Pinterest y aprenderemos las lecciones y estrategias clave que se pueden aplicar a tu propio perfil.

Uno de los casos más destacados en Pinterest es el de María, una emprendedora que comenzó su tienda de decoración para el hogar desde cero. Al utilizar Pinterest de manera estratégica, logró expandir su negocio y aumentar significativamente sus ventas. En su perfil de Pinterest, María creó tableros temáticos que capturaron la atención de los usuarios, como "Ideas de decoración rústica" y "Diseños de interiores modernos".

La lección principal que podemos extraer del éxito de María en Pinterest es la importancia de la coherencia y la calidad del contenido. Sus tableros estaban cuidadosamente organizados y ofrecían imágenes inspiradoras y de alta calidad. Además, María aprovechó las descripciones de sus pines para agregar palabras clave relevantes y atraer a un público interesado en decoración para el hogar. Esto le permitió aumentar su visibilidad en la plataforma y llegar a más personas interesadas en sus productos.

Otro caso de éxito notable en Pinterest es el de Carlos, un emprendedor que lanzó una línea de productos de belleza natural. A través de su perfil de Pinterest, Carlos conectó con una gran comunidad de personas interesadas en productos naturales y cuidado personal. Utilizó estratégicamente tableros dedicados a diferentes temas, como "Rutinas de cuidado de la piel" y "Recetas caseras de cuidado del cabello". Además, Carlos se aseguró de que los enlaces a sus productos estuvieran disponibles en cada pin relevante.

La lección clave que podemos aprender de la historia de éxito de Carlos es la importancia de construir una comunidad comprometida y fomentar la interacción. Carlos no solo compartió contenido relevante, sino que también interactuó con sus seguidores respondiendo a preguntas, ofreciendo consejos y animando a otros a compartir sus propias experiencias. Esta conexión personal y auténtica ayudó a Carlos a construir una relación de confianza con su audiencia, lo que a su vez condujo a un mayor número de ventas y lealtad de sus clientes.

Además de estos casos de éxito individuales, existen numerosos ejemplos de empresas que han utilizado Pinterest como una herramienta integral en su estrategia de marketing. Grandes marcas como Nike y Ikea han sabido aprovechar el potencial de esta plataforma para promocionar sus productos y aumentar la visibilidad de su marca.

La lección principal que podemos extraer de estas empresas es la importancia de la creatividad y la innovación en la estrategia de marketing de Pinterest. Estas marcas han sabido captar la atención del público a través de promociones exclusivas, colaboraciones con influencers y la creación de contenido original y atractivo.

En resumen, Pinterest ofrece un sinfín de oportunidades para los emprendedores. A través de casos de éxito como los de María y Carlos, podemos aprender valiosas lecciones y estrategias que pueden ayudarnos a transformar nuestro perfil de Pinterest en una verdadera máquina de hacer dinero. La coherencia y calidad del contenido, la construcción de una comunidad comprometida y la creatividad en la estrategia de marketing son elementos clave para el éxito en esta plataforma. Continuaré explorando más casos de éxito en el siguiente capítulo, donde descubriremos nuevas estrategias para aumentar el éxito en Pinterest. ¡No te lo puedes perder!

En esta segunda mitad del capítulo, continuaremos explorando casos de éxito en Pinterest y las valiosas lecciones y estrategias que podemos extraer de ellos.

Un emprendedor que ha logrado destacar en Pinterest es Juan, quien comenzó un negocio de repostería casera. Juan utilizó su perfil de Pinterest para mostrar sus deliciosos pasteles, cupcakes y postres, y capturar la atención de los amantes de la repostería. Creó tableros temáticos como "Recetas de pasteles creativos" y "Ideas de decoración de cupcakes", y compartió fotos de alta calidad de sus creaciones.

La lección principal que podemos aprender de la estrategia de Juan en Pinterest es la importancia de la autenticidad y la presentación visual. Sus imágenes eran irresistibles y reflejaban su pasión por la repostería. Además, Juan participaba activamente en la comunidad, interactuando con otros entusiastas de la repostería, respondiendo preguntas y compartiendo tips y trucos. Esta participación genuina lo ayudó a construir relaciones sólidas y a ganarse la confianza de su audiencia, lo que a su vez resultó en un aumento de las ventas y la lealtad de sus clientes.

Otro ejemplo de éxito en Pinterest es el de Ana, una emprendedora que creó una línea de moda sostenible. A través de su perfil, Ana compartió imágenes de su ropa y accesorios, destacando su compromiso con la moda ética y ecológica. Creó tableros temáticos como "Outfits sostenibles para el trabajo" y "Ideas de reciclaje de ropa", y utilizó las descripciones de sus pines para contar la historia detrás de cada producto y explicar cómo se alineaba con su misión de promover la moda sostenible.

La lección clave que podemos aprender de la estrategia de Ana es la importancia de contar una historia convincente y conectar emocionalmente con el público. Ana logró transmitir su pasión por la moda sostenible a través de sus imágenes y descripciones, lo que generó un interés genuino en su marca y productos. Además, estableció asociaciones con influencers y blogs enfocados en la moda sostenible, lo que le permitió llegar a una audiencia más amplia y generar un impacto positivo en su negocio.

Además de estos casos individuales, es fundamental destacar también la importancia del análisis de datos en la estrategia de Pinterest. Muchos emprendedores exitosos utilizan las herramientas de análisis de Pinterest para comprender mejor a su audiencia, identificar tendencias y optimizar su contenido. Al analizar métricas como el alcance, impresiones y clics en los pines, los emprendedores pueden tomar decisiones informadas y ajustar su estrategia para maximizar el impacto.

En resumen, los casos de éxito en Pinterest nos muestran que esta plataforma puede ser una poderosa herramienta para los emprendedores. La autenticidad, la presentación visual, la conexión emocional y el análisis de datos son elementos clave para el éxito en esta plataforma. A través de las lecciones y estrategias extraídas de estos casos, podemos transformar nuestro perfil de Pinterest en una máquina de hacer dinero para nuestro negocio. ¡No pierdas la oportunidad de aprovechar todo el potencial que Pinterest tiene para ofrecer!

Capítulo 14: Evitando errores comunes y superando obstáculos en Pinterest

Aprende a identificar y evitar los errores más comunes que los emprendedores suelen cometer en Pinterest, y descubre cómo superar obstáculos para lograr el éxito en esta plataforma.

En el mundo de los emprendedores, es fundamental tener una presencia en las redes sociales para promocionar nuestros productos o servicios. Uno de los canales más destacados en este sentido es Pinterest, una red social que nos permite compartir imágenes, ideas y contenido visualmente atractivo. Sin embargo, es importante tener en cuenta que, al igual que con cualquier otra plataforma, existen errores comunes que pueden limitar nuestro éxito y obstáculos que debemos superar.

Uno de los errores más comunes que los emprendedores suelen cometer en Pinterest es no tener una estrategia clara. Es fundamental definir nuestros objetivos y establecer un plan sólido antes de comenzar a utilizar esta plataforma. ¿Qué queremos lograr con nuestra presencia en Pinterest? ¿Queremos aumentar el tráfico a nuestro sitio web, generar ventas, o simplemente promocionar nuestra marca? Definir nuestros objetivos nos ayudará a tomar decisiones acertadas y a medir nuestro progreso.

Otro error común es descuidar la calidad de las imágenes que compartimos. Pinterest es una red social visual, y las imágenes son la clave para captar la atención de nuestro público objetivo. Es importante asegurarnos de utilizar imágenes de alta calidad, atractivas y relevantes para nuestro negocio. Además, debemos optimizarlas con etiquetas y descripciones adecuadas para mejorar su visibilidad en los resultados de búsqueda de la plataforma.

Además de evitar estos errores comunes, también debemos ser conscientes de los obstáculos que se presentan en Pinterest y aprender a superarlos. Uno de los obstáculos más comunes es la competencia en la plataforma. Con millones de usuarios y contenido compartido constantemente, es vital encontrar formas de destacar entre la multitud. Para superar este obstáculo, es importante diferenciarnos y ofrecer contenido original, creativo y valioso para nuestro público.

Otro obstáculo que debemos superar es la falta de interacción con nuestro contenido. Aunque hayamos compartido imágenes y contenido atractivo, si no logramos generar interacciones con nuestro público, no estaremos aprovechando al máximo las oportunidades que Pinterest ofrece. Por eso, es fundamental participar activamente en la comunidad, seguir a otros usuarios, comentar y compartir contenido relevante para establecer conexiones y fomentar la interacción.

Además, no podemos olvidarnos del desafío de mantener una presencia constante en Pinterest. Esta plataforma requiere dedicación y compromiso para lograr resultados a largo plazo. No podemos esperar obtener éxito de la noche a la mañana; es necesario trabajar de manera constante y consistente para construir una presencia sólida en Pinterest y alcanzar nuestros objetivos.

En resumen, para evitar errores comunes y superar los obstáculos en Pinterest, debemos tener una estrategia clara, cuidar la calidad de nuestras imágenes, diferenciarnos de la competencia, fomentar la interacción con nuestro público y mantener una presencia constante en la plataforma. Estos son solo algunos aspectos clave que nos ayudarán a alcanzar el éxito en esta red social. Continúa leyendo la segunda parte de este capítulo para descubrir estrategias adicionales y recomendaciones para destacar en Pinterest y convertirlo en una máquina de hacer dinero.

Antes de continuar, déjenme recordarles lo que hemos cubierto hasta ahora en la primera mitad de este capítulo sobre cómo evitar errores comunes y superar obstáculos en Pinterest. Hemos hablado de la importancia de tener una estrategia clara, de cuidar la calidad de las imágenes que compartimos, de diferenciarnos de la competencia, de fomentar la interacción con nuestro público y de mantener una presencia constante en la plataforma. Estos son aspectos clave para alcanzar el éxito en Pinterest como emprendedores.

Ahora, en la segunda mitad de este capítulo, quiero compartir con ustedes algunas estrategias adicionales y recomendaciones para destacar en Pinterest y convertirlo en una máquina de hacer dinero.

En primer lugar, es fundamental optimizar nuestro perfil de Pinterest. Esto significa completar toda la información de nuestro perfil, incluyendo una descripción clara y concisa de nuestra empresa o negocio, así como enlaces a nuestro sitio web y otras redes sociales. También es importante seleccionar una imagen de perfil atractiva y representativa de nuestra marca. Un perfil completo y profesional mostrará a nuestros seguidores que somos serios y confiables.

Otra estrategia para tener éxito en Pinterest es utilizar tableros temáticos. Los tableros son una excelente manera de organizar y mostrar nuestro contenido. Podemos crear tableros relacionados con nuestros productos o servicios y agregar imágenes y enlaces relevantes. Es importante asegurarnos de que los nombres de los tableros sean claros y descriptivos, y de que las imágenes y descripciones que agregamos sean atractivas y relevantes para nuestro público objetivo.

Además, es esencial aprovechar las funciones de búsqueda de Pinterest. Podemos utilizar palabras clave relevantes en las descripciones de nuestras imágenes y tableros para mejorar la visibilidad de nuestro contenido. También podemos utilizar hashtags para ayudar a los usuarios a encontrar nuestro contenido cuando busquen temas relacionados. La optimización de nuestras imágenes y tableros para la búsqueda nos ayudará a llegar a más personas interesadas en lo que ofrecemos.

No podemos pasar por alto la importancia de la consistencia en nuestro contenido. Es fundamental mantener una presencia constante en Pinterest y compartir contenido regularmente. Podemos establecer un calendario de publicaciones y planificar con anticipación los temas y las imágenes que compartiremos. Esto nos permitirá mantener a nuestro público comprometido y mostrarles que somos una fuente confiable de contenido relevante.

Además de compartir nuestro propio contenido, también es importante interactuar con otros usuarios y repinear contenido relevante. Podemos seguir a otros usuarios en nuestra industria o nicho y comentar y compartir su contenido. Esto nos ayudará a establecer conexiones, aumentar nuestro alcance y atraer a una audiencia más amplia a nuestro perfil.

Una estrategia adicional para aprovechar al máximo Pinterest es utilizar pines promocionados. Los pines promocionados son una forma de publicidad en Pinterest que nos permite llegar a más personas y aumentar la visibilidad de nuestro contenido. Podemos seleccionar categorías relevantes para nuestros pines promocionados y establecer un presupuesto para nuestras campañas. Esto nos permitirá llegar a un público específico y aumentar las posibilidades de generar tráfico y ventas.

Por último, pero no menos importante, no debemos olvidar analizar y medir nuestros resultados en Pinterest. La plataforma ofrece herramientas de análisis que nos permiten ver el rendimiento de nuestro contenido y de nuestro perfil. Podemos ver cuántas veces se ha repineado y guardado nuestro contenido, así como cuánto tráfico nos ha dirigido a nuestro sitio web. Utilizar estos datos nos ayudará a entender qué estrategias están funcionando y cuáles necesitan ser ajustadas.

Para concluir, Pinterest ofrece una gran oportunidad para los emprendedores que desean convertir su perfil en una máquina de hacer dinero. Al evitar errores comunes y superar obstáculos, y al implementar las estrategias y recomendaciones que hemos mencionado, podremos destacar en esta plataforma y aprovechar al máximo su potencial. Recuerden siempre tener una estrategia clara, cuidar la calidad de las imágenes, diferenciarnos de la competencia, fomentar la interacción con nuestro público, mantener una presencia constante y utilizar herramientas como tableros temáticos y pines promocionados. Continúen trabajando de manera constante y consistente, y verán cómo su perfil de Pinterest se transforma en una máquina de hacer dinero.

Espero que hayan encontrado útil esta información y que puedan aplicar estos consejos en su estrategia de Pinterest. ¡Les deseo mucho éxito en su camino hacia el éxito empresarial en esta plataforma!

Capítulo 15: Plan de acción para transformar tu perfil de Pinterest en una máquina de hacer dinero

Desarrolla un plan de acción detallado y personalizado para implementar todas las estrategias y técnicas aprendidas y alcanzar el éxito monetizando tu perfil de Pinterest.

A medida que avanzamos en tu camino hacia la transformación de tu perfil de Pinterest en una máquina de hacer dinero, llegamos a un punto crucial: desarrollar un plan de acción detallado y personalizado. Este plan será tu guía para implementar todas las estrategias y técnicas que hemos aprendido hasta ahora. Te ayudará a mantener el enfoque, seguir un rumbo claro y alcanzar tus objetivos financieros.

Para comenzar, es importante que te tomes el tiempo necesario para analizar tu perfil actual en Pinterest. Evalúa tus tableros, tus pines, tus seguidores y la interacción que has tenido hasta ahora. ¿Qué ha funcionado bien? ¿Y qué no ha dado buenos resultados? Identifica las áreas de mejora y los puntos fuertes, ya que te servirán como base para construir tu plan de acción.

El primer paso de tu plan de acción consiste en establecer metas claras y alcanzables. Define cuánto dinero deseas ganar a través de tu perfil de Pinterest y establece un plazo realista para lograrlo. Recuerda que tus metas deben ser específicas, medibles, alcanzables, relevantes y con un límite de tiempo claro. Por ejemplo, podrías establecer la meta de generar $1000 en ingresos mensuales a través de tu perfil de Pinterest en un plazo de seis meses.

Una vez que hayas establecido tus metas, es el momento de identificar las estrategias y técnicas que utilizarás para alcanzarlas. En capítulos anteriores, hemos explorado varias formas de monetizar tu perfil de Pinterest, como la promoción de productos y servicios como afiliado, la creación de tus propios productos digitales, o la colaboración con marcas. Ahora, debes seleccionar las estrategias que mejor se adapten a tus intereses, habilidades y audiencia.

Una vez que hayas seleccionado las estrategias, es importante que las desgloses en pasos más pequeños y manejables. Cada una de estas acciones se convertirá en una tarea en tu plan de acción. Por ejemplo, si has decidido promocionar productos como afiliado, tus tareas podrían incluir investigar productos afines a tu nicho, crear contenido relevante y atractivo con enlaces de afiliados, y analizar los resultados para ajustar tu enfoque.

Además, es crucial establecer un calendario para cada tarea. Esto te permitirá llevar un seguimiento y asegurarte de cumplir con tus objetivos dentro del plazo establecido. Asigna fechas límite para cada tarea y sé disciplinado/a en su cumplimiento. También es importante ser realista en la distribución del tiempo y asegurarte de contar con suficiente margen para imprevistos o ajustes en el camino.

Por último, recuerda que tu plan de acción no es algo fijo e inmutable. A medida que vayas implementando tus estrategias, es posible que necesites ajustar y adaptar tu plan. Evalúa constantemente tus resultados, analiza qué funciona y qué no, y haz los cambios necesarios para mejorar tus resultados. Recuerda que el mundo de las redes sociales evoluciona rápidamente, por lo que es fundamental estar dispuesto/a probar nuevas estrategias y adaptarte a las tendencias.

Con todo esto en mente, estás listo/a para dar el siguiente paso y comenzar a poner en marcha tu plan de acción para transformar tu perfil de Pinterest en una máquina de hacer dinero. Recuerda permanecer enfocado/a, ser constante y estar dispuesto/a aprender y adaptarte. El éxito monetizando tu perfil de Pinterest está al alcance de tu mano. ¡Adelante y hazlo realidad!

Ahora que ya has desarrollado un plan de acción detallado y personalizado para transformar tu perfil de Pinterest en una máquina de hacer dinero, es momento de poner en práctica todas las estrategias y técnicas que aprendiste hasta ahora. En esta segunda mitad del capítulo, te guiaré paso a paso para que puedas implementar con éxito tu plan y lograr tus objetivos financieros.

El siguiente paso en tu plan de acción es iniciar la optimización de tu perfil de Pinterest. Esto implica asegurarte de que tu nombre de usuario, descripción, foto de perfil y nombre comercial sean coherentes con tu marca y transmitan claramente tu propósito y valor. Además, debes utilizar palabras clave relevantes en estas secciones para ayudar a mejorar la visibilidad de tu perfil en los resultados de búsqueda.

Una vez que hayas optimizado tu perfil, es hora de enfocarte en la optimización de tus tableros. Crea tableros que se alineen con tu nicho y que sean atractivos y organizados. Utiliza palabras clave relevantes en los títulos y descripciones de tus tableros, y asegúrate de incluir pines de alta calidad y contenido relevante en cada uno de ellos. También puedes crear tableros colaborativos para fomentar la participación de tu audiencia y ampliar tu alcance.

El siguiente paso en tu plan de acción es la creación regular y consistente de contenido de calidad. Esto implica no solo compartir pines de otros usuarios, sino también crear tus propios pines originales y atractivos. Utiliza imágenes llamativas, descripciones persuasivas y enlaces estratégicos para aumentar la participación y redirigir el tráfico hacia tu sitio web o productos. No olvides utilizar palabras clave relevantes en cós títulos y descripciones de tus pines para mejorar su visibilidad en las búsquedas de los usuarios.

Además de la creación de contenido, es importante que seas activo/a en la plataforma. Interactúa con otros usuarios, sigue tableros y perfiles relevantes, y participa en grupos y comunidades relacionadas con tu nicho. Responde a los comentarios de tus seguidores y agradece a aquellos que comparten tus pines. Cuanto más activo/a seas, mayor será tu visibilidad y la interacción con tu perfil.

Otra estrategia clave para monetizar tu perfil de Pinterest es establecer alianzas y colaboraciones con marcas y otros emprendedores. Identifica oportunidades para promocionar productos y servicios afines a tu nicho y que sean relevantes para tu audiencia. Puedes contactar directamente a las marcas o utilizar plataformas de marketing de influencia para encontrar colaboraciones. Asegúrate de que cualquier promoción que realices sea auténtica y se alinee con los intereses de tu audiencia.

Por último, no olvides medir y evaluar constantemente tus resultados. Utiliza las herramientas analíticas de Pinterest para realizar un seguimiento de la interacción, el tráfico y las conversiones generadas por tu perfil. Analiza qué estrategias y técnicas están funcionando mejor y qué áreas necesitan mejorar. Realiza ajustes en tu plan de acción según sea necesario para optimizar tus resultados.

En resumen, transformar tu perfil de Pinterest en una máquina de hacer dinero requiere un plan de acción detallado y personalizado. Optimiza tu perfil y tus tableros, crea contenido de calidad y participa activamente en la plataforma. Establece alianzas estratégicas y mide constantemente tus resultados para hacer ajustes y mejorar tus resultados. Recuerda mantener el enfoque, ser constante y estar dispuesto/a aprender y adaptarte. ¡El éxito monetizando tu perfil de Pinterest está a tu alcance!

Con esto concluye el capítulo 15 de "Transforma tu Perfil de Pinterest en una Máquina de Hacer Dinero". Espero que este plan de acción te guíe en tu camino hacia el éxito financiero a través de Pinterest. ¡Adelante y has realidad tus metas!

Descargo de Responsabilidad para eBook

IMPORTANTE: Por favor, lea este descargo de responsabilidad en su totalidad antes de usar este eBook.

Este eBook está destinado únicamente a fines informativos y educativos. El autor y el editor de este eBook y los materiales asociados han hecho todo lo posible para garantizar que la información proporcionada sea precisa y útil. Sin embargo, el contenido se proporciona "tal cual" sin garantía de resultados completos, precisión o la ausencia de errores.

Limitación de Responsabilidad

El autor y el editor de este eBook y los materiales relacionados no serán responsables por ningún daño directo, indirecto, incidental, consecuente o punitivo que surja del acceso, uso o imposibilidad de usar este eBook, o cualquier error u omisión en el contenido del mismo.

Este descargo de responsabilidad se aplica a cualquier daño o lesión causada por cualquier falla de rendimiento, error, omisión, interrupción, eliminación, defecto, retraso en la operación o transmisión, virus informático, falla de la línea de comunicación, robo o destrucción o acceso no autorizado, alteración o uso del registro, ya sea por incumplimiento de contrato, comportamiento tortuoso, negligencia o bajo cualquier otra causa de acción.

Derechos de Autor y Uso del Contenido

El contenido de este eBook es propiedad del autor y está protegido por las leyes de derechos de autor internacionales y nacionales. El autor concede a los compradores de este eBook una licencia no exclusiva para ver, copiar e imprimir el contenido del eBook para uso personal y no comercial solamente.

No está permitido reproducir, transmitir o distribuir cualquier parte de este eBook en cualquier forma o por cualquier medio, electrónico o mecánico, incluyendo fotocopiado, grabación o cualquier sistema de almacenamiento y recuperación de información, sin permiso por escrito del autor, excepto para el uso de citas breves en una reseña.

No es un Consejo Profesional

La información contenida en este eBook no pretende ser un consejo profesional. Los lectores deben buscar el asesoramiento de profesionales calificados antes de actuar con respecto a los temas mencionados aquí.

Modificaciones al eBook

El autor y el editor se reservan el derecho de modificar o retirar cualquier parte de este eBook o los materiales asociados a su discreción en cualquier momento sin previo aviso.

Consentimiento

Al usar este eBook, usted indica su aceptación de este descargo de responsabilidad. Si no está de acuerdo con este descargo de responsabilidad, por favor no utilice el eBook.

Don't miss out!

Visit the website below and you can sign up to receive emails whenever Gonzalo Estrada publishes a new book. There's no charge and no obligation.

https://books2read.com/r/B-A-OZBBB-DEFQC

BOOKS2READ

Connecting independent readers to independent writers.

Did you love *Cómo hacer dinero con Pinterest*? Then you should read *Visualiza tu Éxito*[1] by Gonzalo Estrada!

[2]

Visualiza tu éxito: el arte de manifestar tus propósitos

En un mundo en constante cambio, la habilidad de visualizar y manifestar tus propósitos es esencial para alcanzar el éxito deseado. Este libro te guía paso a paso en el proceso de transformar tus sueños en realidades tangibles. Descubre el poder de la visualización y cómo puede impactar positivamente en tu vida. Aprende a definir con claridad tus propósitos y a construir una mentalidad positiva que te impulsa hacia adelante.

Diseña tu visión del éxito, construye creencias que potencien tu camino, y descubre la importancia de una planificación efectiva. A lo largo de tu travesía, aprenderás a superar obstáculos, a manifestar

---

1. https://books2read.com/u/3GGRAL

2. https://books2read.com/u/3GGRAL

abundancia en todas las áreas de tu vida y a mantener la disciplina necesaria para alcanzar tus objetivos. Y, finalmente, celebrarás cada éxito, grande o pequeño, reconociendo el fruto de tu esfuerzo y dedicación.

Si estás listo para embarcarte en un viaje transformador y alcanzar el éxito que siempre has soñado, este libro es la herramienta perfecta para ti.

Also by Gonzalo Estrada

Self Healing
Visualiza tu Éxito
Cultivando Líderes
Afirmaciones y Empoderamiento
Semillas de Cambio
Cómo convertir TikTok en una máquina de hacer dinero
Cómo hacer dinero con Pinterest
Cómo hacer un ensayo
Cómo Pedir un Aumento de Sueldo
Currículo Poderoso
Entrenamiento sin Violencia
Entrevista Laboral
Gana Dinero con X (Twitter)
Ganar Masa Muscular
Volver a Empezar; el arte de reinventarse
Analiza Resuelve Ejecuta
Aromatherapy, The natural path to your pet´s well being
Holistic Feeding
The ABC of Educating Your Pet
The Art of Cosmic Connection
The Art of Feng Shui applied to your Pets
From Scarcity to Abundance
The English Bulldog in The Family
The French Bulldog
Therapeutic Massages for Pets

Pets and Crystal Therapy
The Maltese Bichon
Transform Your Problems into Opportunities
Esto ya Cambió